Cord Balthasar | Thorsten Wiese

Warum Kugelschreiber tödlicher sind als Blitze

Cord Balthasar | Thorsten Wiese

Warum Kugelschreiber tödlicher sind als Blitze

Verblüffende Statistiken über die Gefahren und Risiken unseres Lebens

riva

Bibliografische Information der Deutschen Nationalbibliothek
Die Deutsche Nationalbibliothek verzeichnet diese Publikation in der Deutschen Nationalbibliografie; detaillierte bibliografische Daten sind im Internet über http://d-nb.de abrufbar.

Für Fragen und Anregungen:
KugelBlitze@rivaverlag.de

Originalausgabe
1. Auflage 2014

ein Imprint der Münchner Verlagsgruppe GmbH
Nymphenburger Straße 86
D-80636 München
Tel.: 089 651285-0
Fax: 089 652096

Redaktion: Petra Holzmann, München
Umschlaggestaltung: Maria Wittek, München
Umschlagabbildung: unter Verwendung von Shutterstock
Satz: Daniel Förster, Belgern
Druck: Konrad Triltsch GmbH, Ochsenfurt
Printed in Germany

ISBN Print: 978-3-86883-420-8
ISBN E-Book (PDF): 978-3-86413-574-3
ISBN E-Book (EPUB, Mobi): 978-3-86413-575-0

Inhalt

Wer sich nicht in Gefahr begibt, kommt trotzdem um

Dass Sie diese Worte lesen, ist äußerst unwahrscheinlich. Denn statistisch gesehen, sind Sie tot oder haben es gar nicht erst zu einer menschlichen Existenz gebracht. Schließlich ist unser Leben vom ersten Augenblick an darauf ausgelegt, uns umzubringen – mit einer Erfolgswahrscheinlichkeit von 100 Prozent. Die Frage ist einzig und allein, wann es uns erwischt.
Weil wir diesen Zeitpunkt instinktiv möglichst lange hinauszögern möchten, ist unser Alltag bewusst oder unbewusst von Ängsten beherrscht. Wir haben Angst vor terroristischen Anschlägen, fürchten uns davor, im Dunkeln überfallen zu werden oder dass uns der Blitz erschlägt.
Dummerweise aber fürchten wir uns kaum vor den vielen Risiken, die uns mit weit höherer Wahrscheinlichkeit ins Grab bringen. Wer beispielsweise am Flughafen beim Anblick jedes scheinbar herrenlosen Koffers in Panik verfällt und darin eine Bombe vermutet, sollte sich besser erst einmal beruhigen und an die realen Gefahren denken: Es ist nämlich 17.600-mal wahrscheinlicher, an einer Herzattacke zu sterben, als Opfer eines terroristischen Anschlags zu werden. Sogar der Tod durch Ertrinken ist 87-mal wahrscheinlicher. Im weltweiten Vergleich sind selbst Polizisten gefährlicher als Terroristen: Dass ein Mensch von einem Ordnungshüter erschossen wird, ist immerhin 8-mal wahrscheinlicher, als dass er Opfer eines Terroranschlags wird.

Die Tödlichkeit des Kugelschreibers

Ein anderes Beispiel: Wohl kaum ein Mensch auf der Welt verfällt beim Anblick eines Kugelschreibers in Panik – bei einem Hai sieht das anders aus. Auch hier stehen unsere Ängste in keinem Verhältnis zur Realität. Im Jahr 2011 kam es weltweit zu 75 Angriffen von Haien auf Menschen, zwölf davon endeten tödlich. Wenn überhaupt jemand Angst vor Haien haben muss, dann sind es die Menschen in den Vereinigten Staaten – dort fanden 29 der Angriffe statt und damit fast die Hälfte dieser Attacken.

Kugelschreiber sind dagegen regelrechte Todesmaschinen. Gerade in den Industrieländern verbringt der moderne Mensch einen Großteil des Tages im Büro und an einem Schreibtisch – umgeben von Computern und ebenso gewöhnlichen Alltagsgegenständen wie Kugelschreibern. Gerade zu Letzteren wird immer wieder gegriffen: mal, um einfach auf dem Schieber am oberen Ende herumzudrücken, mal, um ihn auseinanderzuschrauben und zu zerlegen. Ergänzt wird das gedankenlose Rumgefummel von einer fatalen Tendenz des Menschen, Einzelteile oder komplette Kulis in den Mund zu nehmen und daran herumzunuckeln. Die Folge: Jährlich ersticken allein in Deutschland geschätzte 100 bis 300 Menschen an Kugelschreiberteilen. Wahrscheinlich sind es sogar noch viel mehr, man geht von einer hohen Dunkelziffer aus. Mindestens 300 deutsche Kugelschreibertote gegen 12 weltweite Haiopfer also. Selbst der gefürchtete Blitz während eines Unwetters kommt nicht an die Gefährlichkeit des Kugelschreibers heran – aber dazu später mehr.

Wie sehr uns unsere Ängste von realen Gefahren ablenken, das zeigte auch der 11. September 2001 – jener Tag also, an dem tatsächlich ein terroristischer Angriff Tausende Menschenleben forderte. Da die Attentäter Flugzeuge benutzten, stieg nach diesem Ereignis die Angst, an Bord eines Passagierjets den Tod zu finden. Weltweit sank daher die Zahl der Flugpassagiere nach Jahren des Aufschwungs – in den USA sogar drastisch um 6,5 Prozent. Die Menschen fühlten sich am Boden einfach sicherer als in der Luft, fuhren lieber mit dem Auto – und verdrängten völlig, dass man auch dort zu Tode kommen kann. Allein die Monate Oktober bis Dezember 2001 sollen in den Vereinigten Staaten 1000 zusätzliche Verkehrstote gefordert haben.

Immer wieder haben Forscher vor dem Hintergrund realer und gefühlter Gefahren versucht herauszufinden, wo denn das tatsächliche Risiko verborgen ist. Und immer wieder kamen sie zu dem Ergebnis, dass es meist ganz alltägliche Vorgänge sind, die uns im Endeffekt umbringen. Der deutsche Risikoforscher Klaus Heilmann etwa hat verschiedene Todeswahrscheinlichkeiten berechnet und verglichen. Auch er kam zu teils überraschenden Ergebnissen.

Sterben liegt nicht in der Luft – aber im Qualm

Auf die Frage, ob es daheim oder im Straßenverkehr gefährlicher ist, würde vermutlich jeder auf den Verkehr tippen. Tatsächlich liegen beide Bereiche fast gleichauf: In den eigenen vier Wänden beträgt das Todesrisiko durch einen Sturz 1 zu 22.000 – einer von 22.000 Bundesbürgern wird so zu Tode kommen. Das Todesrisiko im Straßenverkehr beträgt 1 zu 20.000.
Die Luft dagegen hat allem Anschein nach doch Balken: An Bord eines Flugzeuges beträgt das Sterberisiko nach Heilmanns Berechnungen gerade einmal 1 zu 3.360.000. Trotzdem leiden etwa 15 Prozent der Deutschen unter Flugangst. Mancher verängstigte Passagier wird womöglich vor dem Start der Maschine zur Beruhigung noch schnell eine Zigarette rauchen – dumm nur, dass das Todesrisiko für Raucher bei 1 zu 210 liegt. Es ist also 16.000-mal wahrscheinlicher, durch Tabakqualm zu sterben, als mit dem Flugzeug abzustürzen.

Micromort: Todespunkte sammeln

Ein Forscher in den USA hat angesichts der Vielzahl an Möglichkeiten, frühzeitig aus dem Leben zu scheiden, sogar eine Maßeinheit ausgetüftelt, mit der sich das Todesrisiko einer Tätigkeit beschreiben lässt. Die im Jahr 1980 von dem Entscheidungstheoretiker Ronald A. Howard errechnete Einheit trägt den Namen »Micromort« oder im Deutschen »Mikromort« und steht für die Mikrowahrscheinlichkeit, dass ein tödliches Ereignis eintritt. Ein Mikromort entspricht der Wahrscheinlichkeit von 1 zu einer Million, dass ein bestimmtes Handeln das Leben beendet.
Motorradfahrer haben schon nach zehn Kilometer Fahrt ihren ersten Mikromort zusammen und damit die Wahrscheinlichkeit von 1 zu einer Million gesammelt, dass ihr Leben durch einen Unfall endet. Autofahrer müssen dafür immerhin 370 Kilometer zurücklegen, Flugzeugpassagiere 1609 Kilometer und Zuginsassen 9656 Kilometer.
Ebenfalls einen Mikromort gibt es für eine Pille der Droge Ecstasy, 0,5 Liter Wein oder 1,4 Zigaretten. Das Leben im Umkreis von 32 Kilometern zu einem Atomkraftwerk führt dagegen erst nach 15 Jahren zu einem Mikromort.

Deutlich schneller lassen sich Mikromorts durch actionreiches Freizeitvergnügen sammeln: Wer sich ins Gestänge eines Hängegleiters krallt und als Drachenflieger einen Hang hinabstürzt, hat augenblicklich 8 Mikromorts beisammen. Da kommen selbst Fallschirmspringer (7 Mikromorts) und Taucher (5 Mikromorts) nicht mit.

Autofahren ist für Warmduscher: Wo die Mikromorts wirklich warten (Tote pro 1 Million Tage)

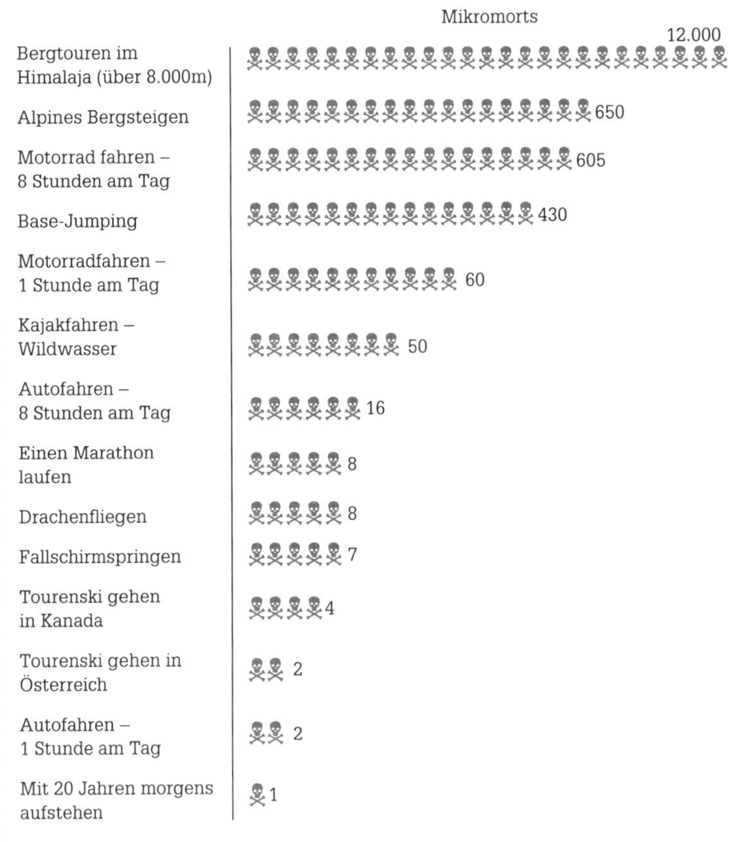

Doch im Grunde sind auch das weit fortgeschrittene Möglichkeiten der Selbstentleibung, die nur die wenigsten grundsätzlich lebensfähigen menschlichen Zellen auskosten dürfen. Schließlich kommt nur ein Bruchteil solcher Zellen so weit. Denn die Tödlichkeit des Lebens setzt schon lange vor unserem ersten Atemzug ein.

Wir fahr'n, fahr'n, fahr'n

Wie viele Kilometer kann man reisen, um 1 Mikromort zu erreichen?

Reine Herzenssache: Anzahl der Todesfälle nach Todesursachen in Deutschland in den Jahren 2009 bis 2011

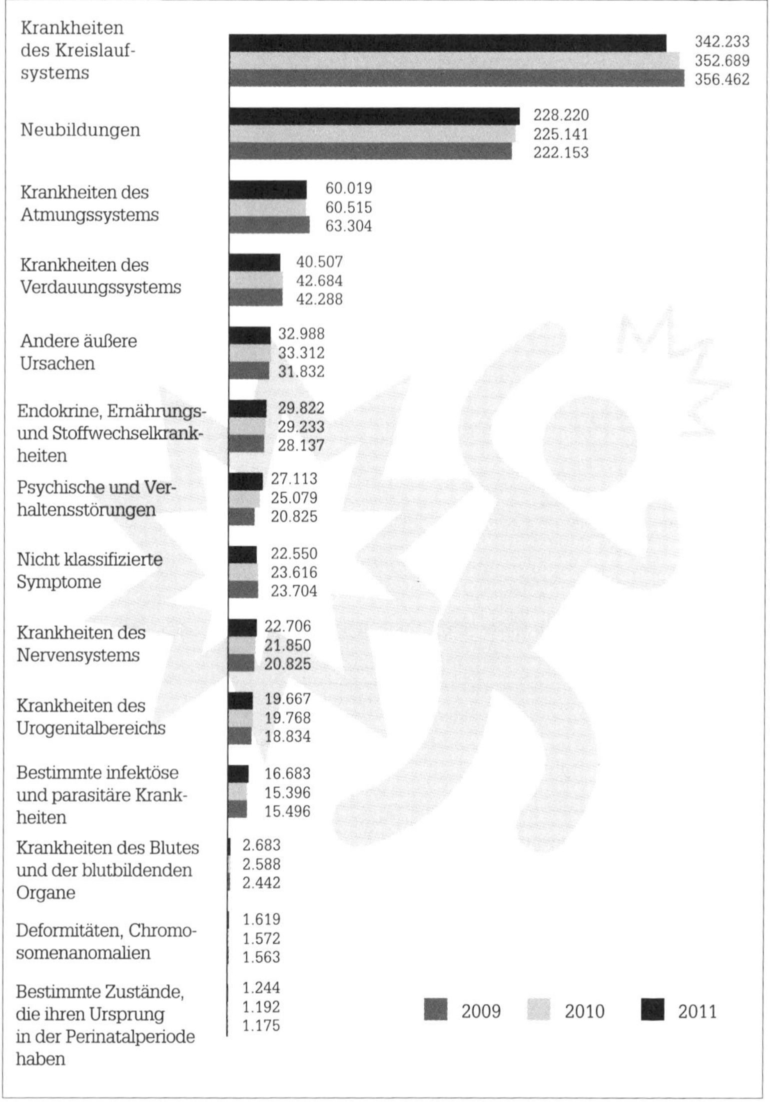

Kapitel 1:

Zeugung & Geburt
Aller Anfang ist fast unmöglich

Wie groß unsere Chance ist, dass wir unser Leben möglichst lange leben können, hängt von einem Faktor ab: dass wir überhaupt geboren werden. Die Wahrscheinlichkeit dafür ist allerdings denkbar gering. Grundsätzlich geben wir Menschen uns zwar ziemlich viel Mühe, das zum Zweck der Fortpflanzung notwendige Verfahren einzuleiten. Sprich: Wir haben gern und häufig Sex. Das von der Natur vorgesehene Ergebnis kommt dabei jedoch eher selten heraus. Laut einer weltweiten Umfrage des Unternehmens Harris/Durex hat der Durchschnittsdeutsche im Jahr 117-mal Sex – also etwa zweimal wöchentlich – und steht damit im internationalen Vergleich sogar ziemlich gut da. Die Japaner zieht es nicht einmal halb so oft ins Bett, sie beschränken sich auf nur 48 jährliche Sexualakte. Deutlich mehr Lust haben dagegen die Griechen. Sie liegen mit jährlich 164-mal Geschlechtsverkehr weltweit an der Spitze vor Brasilien (145) und Russland (143).

Trotzdem liegt Deutschland zumindest zahlenmäßig noch über dem globalen Durchschnitt von 103. Mit dem Durchhaltevermögen ist es dagegen weniger gut bestellt. Haben die Deutschen Sex, dann dauert der Akt kaum mehr als 17,6 Minuten – und das ist unterdurchschnittlich. Zwar liegen sie damit noch vor den Österreichern, Spaniern und den Franzosen, aber hinter den Menschen in den USA.

Viel Sex um nichts

Nun hat die Dauer des Geschlechtsverkehrs wenig damit zu tun, ob eine Frau schwanger wird. Aber die Zahl der Geschlechtsakte sollte doch immerhin gewisse Rückschlüsse zulassen.

In Deutschland leben aktuell etwa 16,4 Millionen Frauen im Alter zwischen 20 und 49 Jahren, also in einer Lebensphase, in der die Schwangerschaft am wahrscheinlichsten ist. Nehmen wir zudem an, all diese Frauen seien absolut durchschnittlich und hätten 117-mal im Jahr Sex mit einem männlichen Partner. Das entspricht einer Zahl von 1.900.000.000 und damit 1,9 Milliarden Möglichkeiten im Jahr, durch die ein Kind gezeugt werden kann.

Lustlose Japaner: Geschlechtsakte pro Jahr und Nation

Damit das wirklich funktioniert, schickt vor allem die männliche Seite wahre Armeen ins Rennen. 250 Millionen – das ist die Anzahl der Spermien, die bei einem Samenerguss durchschnittlich auf den Weg gebracht werden. Mindestens 249.999.999 von ihnen werden dabei jedoch draufgehen. Schließlich ist nur eines zur Befruchtung der Eizelle notwendig. Ohnehin landen zwar Abermillionen Spermien im weiblichen Körper, von dort schafft aber nur ein Bruchteil den beschwerlichen Rest des notwendigen Weges. Im Schnitt erreichen nur 300 Spermien überhaupt jene Stelle am Ende des Eileiters, an dem die Eizelle auf ihre Befruchtung wartet.
Häufig ist schon die gesamte Mühe der Samenproduktion vergebens. Schließlich ist der von der Natur vorgesehene Fortpflanzungseffekt des Geschlechtsverkehrs nicht immer erwünscht ...

380 Kondome pro Sekunde

Auf der einen Seite investierten vor allem ältere Männer im Jahr 2010 immerhin 1,93 Milliarden Dollar in ihre Standhaftigkeit und besorgten sich Hilfsmittel wie die erektionsfördernde Pille Viagra.
Auf der anderen Seite wurde jedoch deutlich mehr Geld ausgegeben, um eine mögliche Schwangerschaft zu unterbinden. Jedes Jahr stülpen sich Männer 12 Milliarden Präservative über – das entspricht 380 Kondomen pro Sekunde. Am eifrigsten sind in dieser Hinsicht die Europäer. Sie sorgen für 25 Prozent des weltweiten Kondomabsatzes. Aber auch auf anderen Kontinenten entwickeln sich die schützenden Gummis zum Trendprodukt. Laut Global Industry Analysts dürften die Kondomverkäufe global bis zum Jahr 2015 auf 27 Milliarden Stück steigern. Das entspräche einem Umsatz von 6 Milliarden US-Dollar und dürfte den Herstellern von Viagra & Co. vor Neid die Tränen in die Augen treiben.
Doch nicht nur die Männer, auch die Frauen greifen bekanntlich zu Verhütungsmitteln. Weltweit vertrauen 100 Millionen Frauen auf die Wirkung der Antibabypille – 25,2 Milliarden davon werden jedes Jahr geschluckt. 60 Prozent aller jungen Frauen zwischen 20 und 24 schützen sich so vor ungewollter Schwangerschaft. 90 Prozent aller Frauen über 30 haben schon einmal die Pille genommen.

Gib Gummi: Kondomverkäufe in Deutschland in Millionen

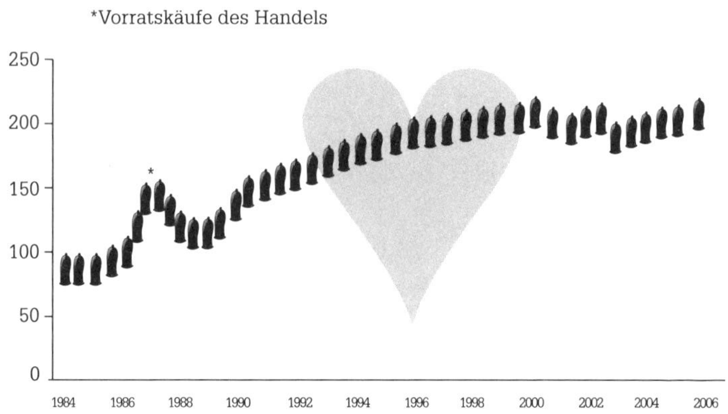

Auf Dauer nervt viele Nutzerinnen jedoch die Notwendigkeit der täglichen Aufmerksamkeit. Nicht jede Frau will immer daran denken, die Pille zu nehmen. Daher wird im Schnitt nach 12 Jahren umgedacht – allerdings nicht vor dem Hintergrund, doch noch einem Menschen den Weg auf die Welt zu ermöglichen. Vielmehr setzen danach 50 Prozent der Frauen auf die Spirale, um vor allem in dauerhaften Beziehungen sicher zu verhüten. Der Mensch stellt also der Natur einiges an künstlichen Hemmnissen in den Weg. Gerade Männer nutzen jedoch traditionell noch eine andere Methode, ihre Lust auszuleben, ohne das Risiko einer Schwangerschaft der Partnerin einzugehen.
Allein in Europa sollen täglich 3 Millionen Männer die Dienste einer Prostituierten nutzen – das summiert sich auf 1 Milliarde bezahlter Geschlechtsakte jährlich. Die Natur der Sache führt allerdings dazu, dass es sich dabei nur um eine grobe Schätzung handelt. Schließlich spricht kaum ein Mann offen darüber, und auch die Zahl der Prostituierten ist nicht genau bekannt. Vermutet wird, dass in Europa etwa 700.000 Prostituierte arbeiten, die meisten davon nicht freiwillig. Der Anteil der Zwangsprostituierten soll zwischen 70 und 80 Prozent liegen.

Hütet euch: Wo Frauen Verhütungsmittel nutzen

in Prozent

Wie auch immer: Die unersättliche männliche Lust auf Sex sorgt damit paradoxerweise noch zusätzlich dafür, dass die Wahrscheinlichkeit von Schwangerschaften in einer Beziehung weiter sinkt.

97 Milliarden für die Lust

Manchmal verpufft die eigentliche Zeugungsfähigkeit sogar schon auf dem heimischen Sofa – wenn Mann zu erregenden Magazinen oder Filmen greift und ganz allein seinem sexuellen Drang frönt. 97 Milliarden Dollar werden auf der Welt jährlich für pornografisches Material ausgegeben – die Deutschen sind mit immerhin 64 Millionen dabei. Wie so oft sind sie damit allerdings ziemlich unterdurchschnittlich. Denn diese Summe entspricht 7,77 Dollar pro Person. Der typische Koreaner ist mit immerhin 526 Dollar dabei, ein Japaner gibt 157 Dollar für Pornografie aus. Die Niederländer investieren mit 12 Dollar ebenfalls noch mehr als die Deutschen, zurückhaltender sind allein die Russen mit gerade einmal 1,76 Dollar. Das meiste pornografische Material wird mittlerweile übrigens in China hergestellt: Die jährliche Produktion dort hat einen Wert von 27 Milliarden Dollar.

Geil ohne Geiz:
Was die Welt pro Jahr für Pornografie ausgibt

	Ausgaben (Milliarden) in US-Dollar	**Pro Einwohner** in US-Dollar
China	27,40	27,41
Südkorea	25,73	526,76
Japan	19,98	156,75
USA	13,33	44,67
Australien	2,00	98,70
Großbritannien	1,97	31,84
Italien	1,40	24,08
Kanada	1,00	30,21
Philippinen	1,00	11,18
Taiwan	1,00	43,41
Deutschland	64	7,77
Finnland	60	114,70
Tschechische Republik	46	44,94
Russland	25	1,76
Niederlande	20	12,13
Brasilien	10	53,17
Gesamt	**97,06 Milliarden**	

Immer häufiger wird die sexuelle Lust außerdem in einem Umfeld ausgelebt, das so gar nicht der Vorstellung einer stimulierenden Situation entspricht: vor einem Computer oder einem Mobilgerät mit Internetanbindung. 75-Millionen-mal wird jeden Tag der Begriff »sex« in eine

Suchmaschine eingegeben, etwa 12 Prozent aller Internetseiten haben pornografische Inhalte – und 35 Prozent aller Downloads aus dem Internet beinhalten pornografisches Material. Noch mehr Zeit, die zwar mit dem Thema Sex gefüllt wird, aber gleichzeitig dem einen oder anderen neuen Menschen den Weg auf die Welt verwehrt.

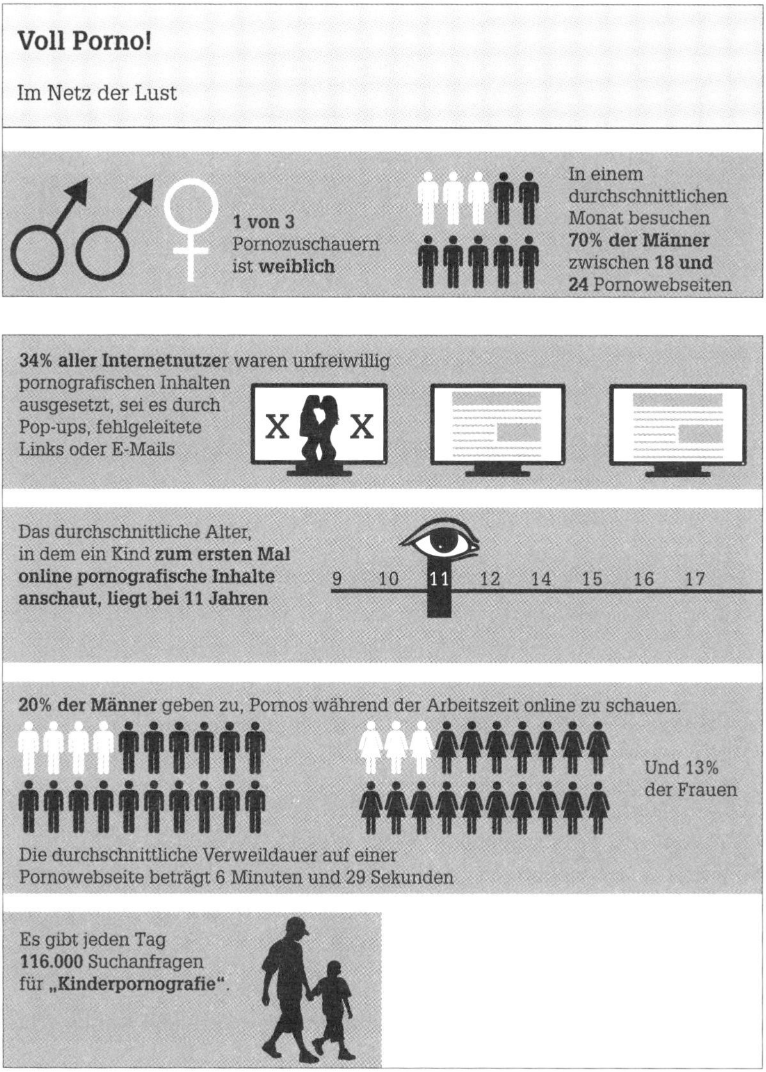

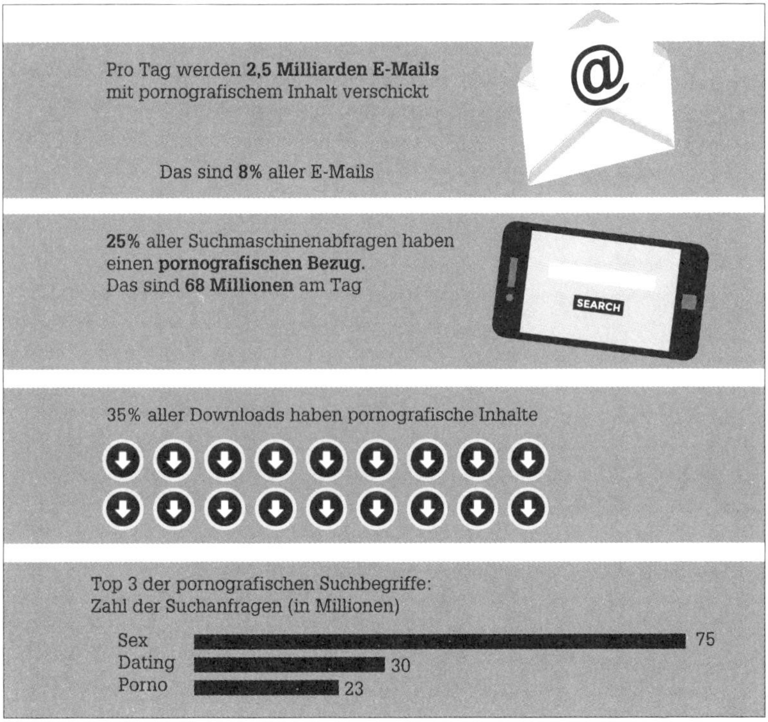

Kommt es trotz aller sexuellen Ablenkung dann doch noch zu einer Empfängnis, dann sind längst nicht alle Paare glücklich darüber. Nicht wenige sehen das vielmehr als ein Unglück: In jedem Jahr werden etwa 40 Millionen Abtreibungen vorgenommen. Denn 39 Prozent aller Menschen leben in Regionen, in denen Schwangerschaftsabbrüche innerhalb bestimmter gesetzlicher Grenzen erlaubt sind. Allein in Deutschland wurden im Jahr 2012 rund 106.800 Schwangerschaftsabbrüche gemeldet. 74 Prozent der Frauen, die diesen Weg wählten, waren zwischen 18 und 34 Jahre alt.

So weit, so fortpflanzungsverhindernd. Obwohl vor allem der westeuropäische Mensch sehr viel tut, um die Zahl des Nachwuchses gering zu halten, werden immer noch Menschen geboren.

Weltweit werden jährlich 132.675.000 Geburten gezählt, alle vier Sekunden eine. Das wiederum bedeutet, dass täglich etwa 363.000 Kinder geboren werden, jede Sekunde kommen 4 neue Menschen hinzu. Jeder davon ist einzigartig, wenn auch manchmal erst auf den zweiten Blick als einzigartig zu erkennen: Denn 2,3 Prozent sind Zwillingsgeburten, jährlich werden 3.051.000 Millionen Zwillinge geboren. Insgesamt leben 125.000.000 Zwillinge auf der Welt.

77 minus 99 ist gleich 12 Menschen weniger

Auch die Zahlen für Deutschland hören sich auf Anhieb eigentlich nicht schlecht an: Hier kommen jedes Jahr etwa 670.000 Kinder zur Welt – in jeder Stunde wächst das Volk der Deutschen damit um 77 Menschen. Dummerweise leben Menschen nicht ewig – und daher sterben auch jedes Jahr eine ganze Menge Mitbürger. Um genau zu sein, waren es zuletzt 870.000 Todesfälle im Jahr und damit rund 99 in jeder Stunde. Im Klartext bedeutet das: In Deutschland ist es wahrscheinlicher, dass ein Mensch stirbt, als dass einer geboren wird. Was wiederum an der ständig nachlassenden Fertilitätsrate liegt. Mit diesem Begriff kennzeichnen Wissenschaftler die Anzahl der Kinder pro Frau. Allgemein gilt, dass ein Land eine Fertilitätsrate von 2,1 benötigt. Bringt also jede Frau durchschnittlich

Immer weiter abwärts: Die Geburten in Deutschland

in Tausend

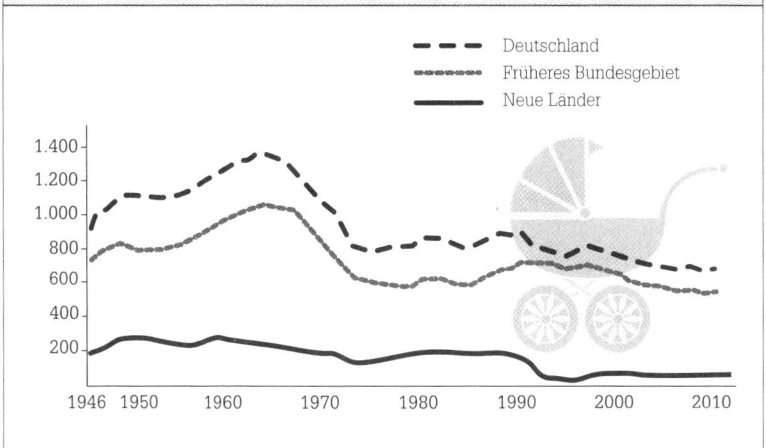

2,1 Kinder zur Welt, dann reicht das aus, damit sich jede Generation selbst ersetzt und die Bevölkerungszahl stabil bleibt. In Deutschland wurde dieses Niveau zuletzt um das Jahr 1970 erreicht, seitdem sinken die Zahlen ständig und erreichten zuletzt einen Wert von 1,39.
Was wiederum bedeutet, dass die Wahrscheinlichkeit, auf die Welt zu kommen, weiter sinkt. Eine immer größere Zahl potenzieller Menschen wird als schleimige Brühe in einem Kondom entsorgt oder mit chemischer Hilfe abgetötet. Wie gesagt: Statistisch sind wir eigentlich tot.
Wenn jedoch ein neuer Mensch die Welt erblickt, dann längst nicht immer auf dem von der Natur vorbestimmten Weg. 15 Prozent aller Geburten weltweit erfolgen durch einen Kaiserschnitt – in China sind es sogar geschätzte 50 Prozent. Apropos China: Hier erblicken jedes Jahr 18,53 Millionen neue Erdenbürger das Licht der Welt. Das sind fast so viele wie die insgesamt 20 Millionen Kinder, die weltweit durch Kaiserschnitt auf die Welt kommen.

So wird das nichts: Sinkende Fertilitätsraten überall

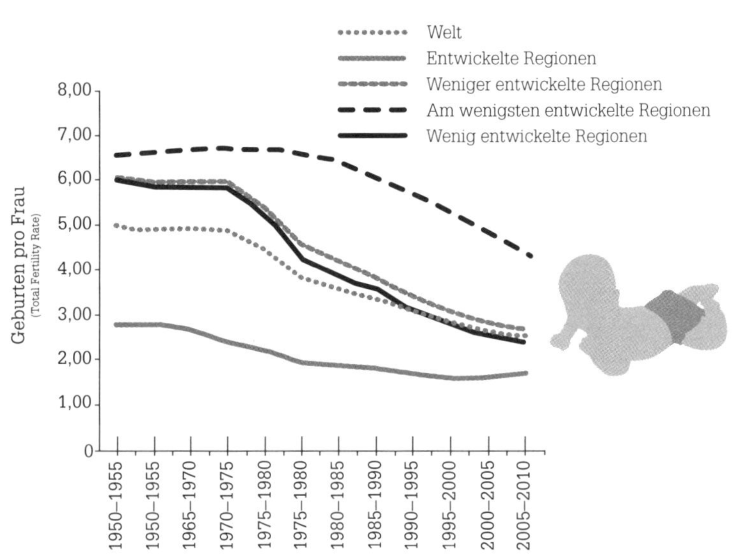

Doch obwohl damit die Zahl der unter ärztlicher Obhut erfolgten Niederkünfte recht hoch erscheint, ist die Geburt in einem Krankenhaus in Nichtindustrieländern die absolute Ausnahme. Etwa 90 Prozent aller Geburten zwischen Nord- und Südpol finden zu Hause statt. Was vermutlich auch ein Grund dafür ist, dass längst nicht jede Frau die Geburt ihres Kindes erlebt oder lebend übersteht. An jedem einzelnen Tag sterben 1500 Frauen aufgrund von Komplikationen in der Schwangerschaft oder bei der Geburt. Das ist aber kein Grund für eine durchschnittliche deutsche Frau mit Kinderwunsch, aus Todesangst die Hände über dem Kopf zusammenzuschlagen. In Deutschland ist das Risiko einer schwangeren Frau denkbar gering – wenn jemand Angst haben muss, dann sind es vor allem die Frauen in den Entwicklungsländern. Liegt das Risiko für tödliche Komplikationen während der Schwangerschaft im Durchschnitt in den Industriestaaten bei 1 zu 7300, beträgt die Relation in den Entwicklungsländern 1 zu 75 – eine von 75 Schwangeren wird also nicht überleben.

Mamma mia!

Müttersterblichkeitsrate nach Ländern, 2005
pro 100.000 Lebendgeburten

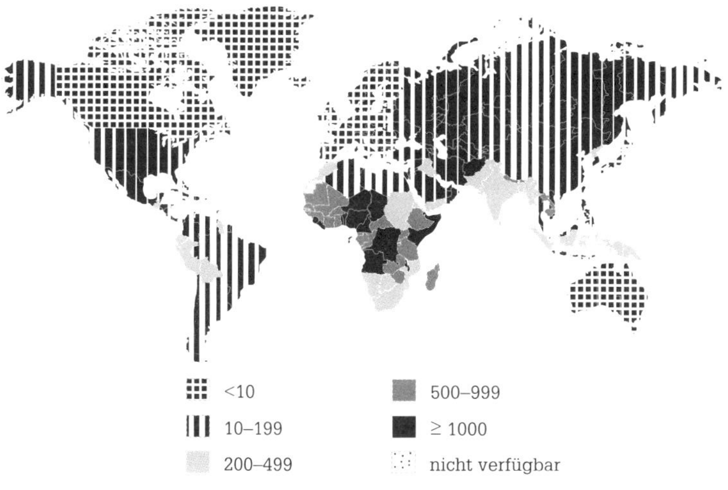

Besonders hoch ist die Müttersterblichkeit in Afrika, und zwar in dem Bereich des Kontinents, der südlich der Sahara liegt. 50 Prozent aller weltweiten Todesfälle während der Schwangerschaft sind dort zu beklagen (ein Drittel entfällt auf Asien). Das bedeutet: Im afrikanischen Land Niger stirbt eine von sieben werdenden Müttern, in Westeuropa liegt die Relation bei 1 zu 48.000. Die Schwangerschaft ist in Deutschland also deutlich weniger risikobehaftet als im Durchschnitt der Industrieländer.

Frühgeburten und Kinder mit niedrigem Geburtsgewicht

Rate pro 100.000 Einwohner

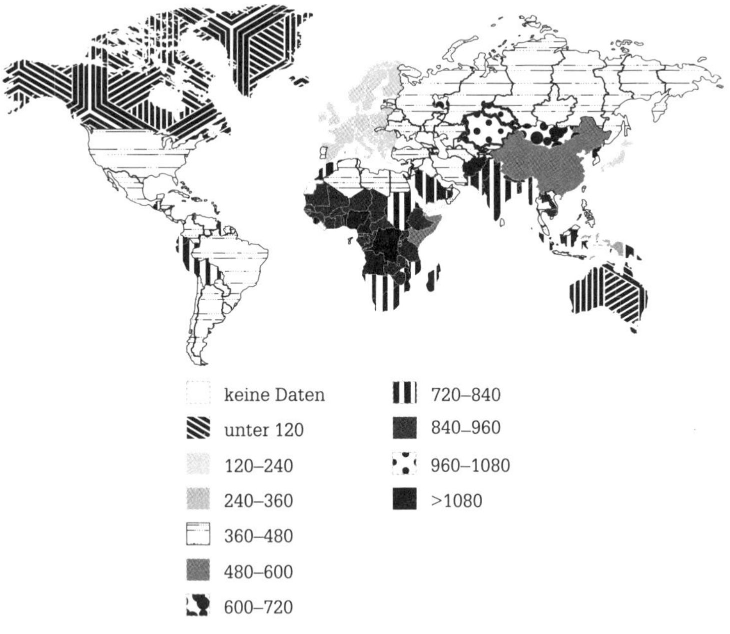

Auch um die Kinder selbst ist es bekanntlich in den Entwicklungsländern weniger gut bestellt. Insgesamt werden jährlich etwa 13 Millionen Frühgeburten gemeldet. Die wenigsten davon kommen in Europa auf die Welt –

hier liegt der Anteil der Frühgeburten bei 6,2 Prozent. In Nordamerika dagegen liegt der Anteil bei 10,6 und in Afrika sogar bei 17,6 Prozent.
Für die Frühgeborenen besteht gerade in Afrika höchste Gefahr: Die Überlebenschancen eines dort mit etwa zwei Kilogramm Gewicht geborenen Kindes entsprechen dem eines Babys, das in einem Industriestaat nach der 32. Schwangerschaftswoche zur Welt kommt.
Nur gibt es eben hierzulande immer weniger Fälle, in denen es überhaupt zu einer Schwangerschaft kommt – das Gros unseres Erbgutes wird vorher als unerwünscht entsorgt.

Kapitel 2:

Säuglingsalter & Kindheit
Von Kindesbeinen an in Gefahr

Die Gedanken an die Probleme in fremden Ländern sind auf Neugeborenenstationen hierzulande natürlich weit weg. 2012 wurden die meisten Kinder im Juli geboren und es herrschten sommerliche Freude und Überwältigung angesichts des Wunders der Geburt. Herzlichen Glückwunsch! Ein heute geborener Junge kann sich über eine durchschnittliche prognostizierte Lebenserwartung von 84 Jahren freuen, ein Mädchen über die von 88 Jahren. Wir werden immer älter, hurra – vorausgesetzt, wir überleben den ersten Tag und das erste Jahr. Denn unsere frühe Zeit auf Erden gehört zu den gefährlichsten im ganzen Leben. Schon die ersten 24 Stunden sind oft tödlich. Für mehr als ein Drittel (35 Prozent) aller Säuglinge (Kinder bis ein Jahr) war der Geburtstag auch ihr Todestag. Ein weiteres Fünftel starb innerhalb der nächsten sechs Tage.

Unglück im Kinderbett

Todesfälle von Säuglingen im ersten Lebensjahr

Insgesamt	unter 24 Stunden	24 Stunden bis 7 Tage	7 Tage bis 28 Tage	28 Tage bis 1 Jahr
3443	1230	773	470	970

Quelle: Destatis/Statistisches Bundesamt

Wenn ein Kind seinen ersten Geburtstag nicht erlebt, dann stirbt es also in der Mehrzahl der Fälle in der ersten Lebenswoche – eine wahrhaft tödliche Zeit. Um davon abzulenken, hat die Natur das gute Werk getan, die Eltern nach der Geburt mit Freudenhormonen zu überschütten. Denn wer ständig an diese Bedrohung denkt, wird wohl noch weniger schlafen, als es mit einem Säugling ohnehin der Fall ist.

Ist die erste Woche gesund überstanden, ist bis zum Ende der 52. Lebenswoche der »Plötzliche Kindstod« der Angstfaktor Nummer eins für die Eltern. Und wirklich ist er, obwohl in den vergangenen Jahren und Jahrzehnten deutlich seltener geworden, mit einer Wahrscheinlichkeit von 1:3500 die häufigste Todesursache bei Kindern unter einem Jahr, das etwa 3400 Säuglinge in Deutschland nicht überleben. Allerdings liegt die Sterblichkeitsrate im ersten Lebensjahr hierzulande nur bei 3 von 1000 Kindern. Allein in Norwegen, Schweden, Island, Japan und Luxemburg sterben weniger Kinder (2 von 1000 Kinder) daran. Mehrere afrikanische Länder haben dagegen Werte von zum Teil deutlich mehr als 100. Und laut UNICEF verteilt sich die Hälfte aller Todesfälle auf fünf Länder: Indien (22 Prozent), Nigeria (13 Prozent), Pakistan und Demokratische Republik Kongo (je 6 Prozent) sowie China (4 Prozent). Weltweit sterben etwa eine Million Babys in den ersten 24 Stunden nach der Geburt, 44 Prozent überleben den ersten Lebensmonat nicht. Und weltweit werden rund 6,6 Millionen Kinder nicht einmal fünf Jahre alt.

Lebenserwartung: Weniger als ein Jahr

Von 1000 Kindern sterben in vielen Ländern Afrikas mehr als 100 in den ersten zwölf Monaten nach der Geburt

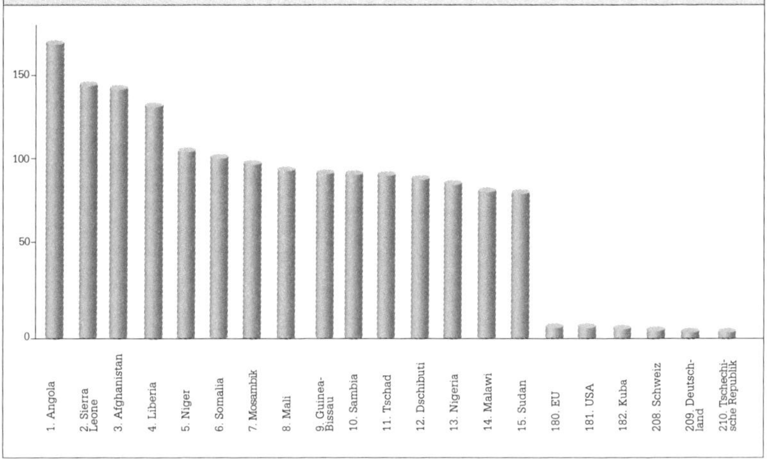

Namen sind nicht nur Schall und Rauch

Etwa 13 Millionen kleine Menschen lebten 2012 in Deutschland. Passen Sie gut auf sie auf – und verbauen Sie ihnen nicht die Zukunft. Ob sie das tun oder nicht, fängt früher an, als Sie denken, nämlich schon weit vor der Geburt. Mit der Namenswahl zum Beispiel. Gut, für Ihren Nachnamen können Sie nichts. Aber sollten Sie heiraten und die Wahl haben, halten Sie sich an ein paar Forschungsergebnisse. Wissenschaftler der Universitäten Cambridge und Paris haben zum Beispiel festgestellt, dass Menschen mit den Nachnamen ›König‹, ›Kaiser‹ oder ›Fürst‹ deutlich häufiger in Führungspositionen tätig sind als solche mit den Nachnamen ›Becker/Bäcker‹, ›Koch‹ oder ›Bauer‹. Natürlich waren die direkten Vorfahren der so Bezeichneten nur in den allerseltensten Fällen einmal selbst Inhaber eines hohen politischen Amtes, geschweige denn Handwerker. Aber der Name sorgt eben doch dafür, dass den Kaisers und Königs viel zugetraut wird – sie werden eher befördert, während die Bauers und Bäckers auf der Ebene der Arbeitsbienen festsitzen. Treffen Sie Ihre Wahl daher gut, wenn der Familienname eine einschlägige Assoziation freisetzen könnte.

Noch mehr Verantwortung lastet auf Ihren Schultern, wenn Sie sich durch die Listen der gängigen Vornamen arbeiten. Versuchen Sie zum Beispiel nicht, allzu ausgefallen daherzukommen: Ihr Kind wird es Ihnen nicht danken können. Dabei haben altbackene Namen genauso viele Nachteile wie allzu moderne. Andrea und Heike zum Beispiel klingen in den Ohren der meisten Menschen altmodisch – und die dazugehörige Person wird gleich als alt, unattraktiv und weniger intelligent eingeschätzt als Personen mit einem Namen, der mehr in der Zeit liegt. Bei den Männern kommen Jörg, Holger, Frank oder Heiko nicht gut weg – David, Florian und Felix dagegen schon.

Schon in der Grundschule kann es zu ersten Benachteiligungen kommen. Eine Studie der Universität Oldenburg förderte zutage, dass Lehrer in Grundschulen Kinder mit Namen wie Chantal, Kevin oder Mandy für die Abkömmlinge sogenannter bildungsferner Familien halten – und damit tendenziell für dümmer als Jakob, Charlotte oder Marie, die als lieb, strebsam und intelligent eingestuft werden. Kevin und Chantal haben es auch in der Liebe schwerer – der Name schreckt beim Flirten ab. Eine Online-

Dating-Studie hat ergeben, dass Profile mit diesen Namen viel seltener angesteuert werden.
Sophie und Alexander haben es in der Schule leichter: Sie werden von Lehrern in die Schublade »leistungsstark« gepackt und auch gleich freundlicher benotet. Manche Namen klingen also frisch, frech und modern und wirken auf uns attraktiv und karrierefördernd – oder sie bewirken das Gegenteil. Aufgepasst: Sie haben es als Eltern in der Hand.

Auch zu Hause nur noch mit Helm ...?

Angesichts der Gefahren, die im Kindesalter auf das Leben einwirken, ist es fast ein Wunder, dass wir groß werden. Jeder, der Kinder hat, kann ein Lied davon singen: Die kleinen Satansbraten, äh Racker rauben einem den letzten Nerv. Doch nicht Kidnapper, Vergewaltiger oder Raser im Straßenverkehr sind die Todbringer Nummer eins – die größte Gefahr geht, abgesehen von Krankheiten, von Unfällen aus. Und die meisten von ihnen ereignen sich nicht in vermeintlichen Gefahrengebieten wie auf der Straße, in der Schule, auf dem Spielplatz oder auf Reisen in den Dschungel – sie passieren zu Hause.
Ängstliche Eltern haben die Statistik auf ihrer Seite: Jedes Jahr haben 1,7 Millionen Kinder unter 15 Jahren einen Unfall, das ergibt rund 4700 Unfälle pro Tag. Etwa alle 20 Sekunden kommt also in Deutschland ein Kind zu Schaden. Sie können sich schon bei der Geburt darauf gefasst machen, dass Ihr Kind, bis es 15 wird, mit sehr hoher Wahrscheinlichkeit (1:3) stürzen, sich bei einem Zusammenstoß behandlungsbedürftig verletzen oder angefahren wird. Dabei ist die Gefahr im Alter zwischen drei und fünf Jahren am größten. Jungen sind draufgängerischer und landen mit 39 Prozent Anteil an allen Unfällen häufiger im Krankenhaus als Mädchen (28 Prozent).
Auf den Kinderstationen in den Kliniken hat das Personal gut zu tun. Jedes sechste Kind bis 17 Jahre erleidet mindestens einmal im Jahr eine Unfallverletzung, die medizinisch behandelt werden muss. Bei Minderjährigen gehören Verletzungen zu den häufigsten Gründen für Krankenhausaufenthalte überhaupt – jährlich gibt es rund 280.000 Klinikeinweisungen. Am häufigsten werden Gehirnerschütterungen diagnostiziert, gefolgt von Kno-

Unsicheres Zuhause

Hier passieren Kindern die meisten Unfälle

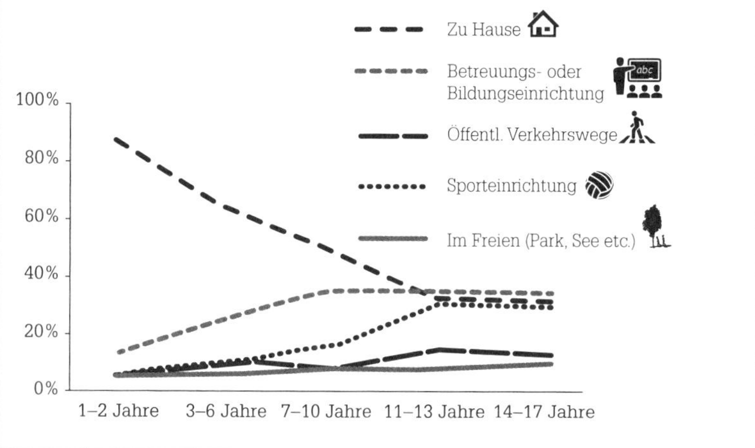

Quelle: Robert-Koch-Institut (RKI)

chenbrüchen. Das geht so weit, dass Unfälle fast genauso häufig der Auslöser eines Arztbesuches sind wie Erkältungen, Halsweh oder die üblichen Kinderkrankheiten: 44 Prozent der ärztlichen Behandlungen sind insgesamt auf Unfälle zurückzuführen, bei den Ein- bis Zweijährigen sogar 85 Prozent.

Und wie so oft machen sich Eltern die falschen Sorgen: Das höchste Risiko sehen Mama und Papa für ihre Kleinen im Straßenverkehr. Hier passieren aber nur 14 Prozent der Unfälle, während sich 60 Prozent in den eigenen vier Wänden ereignen. Kleinkinder kommen sogar zehnmal so oft in den eigenen vier Wänden zu Schaden wie im Straßenverkehr. Und auch Sorgen um das Wohlergehen des Kindes in der Kita sind weitgehend unbegründet: Hier ereignen sich 18 Prozent der Unfälle, also zwei Drittel weniger als in der Obhut der Eltern zu Hause.

Fehlender Halt, ein falscher Tritt, die Wand oder der Bruder waren im Weg: Stürze und Zusammenstöße sind für mehr als vier von fünf Kinderunfällen verantwortlich. Kinder fallen vom Wickeltisch, die Treppe herunter, vom Baum, vom Klettergerüst. Und meist ist es der Kopf, der in Mit-

Immer besser unterwegs

Die Zahl getöteter Kinder im Straßenverkehr nimmt ab

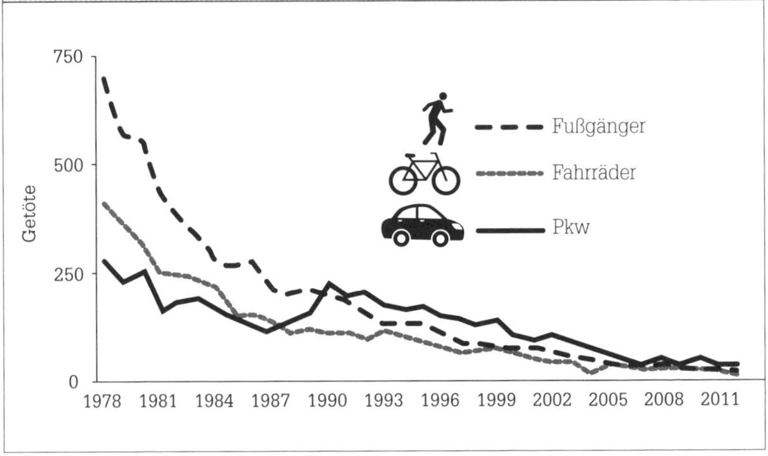

Die meisten fallen hin – Eltern schätzen Unfallrisiken falsch ein

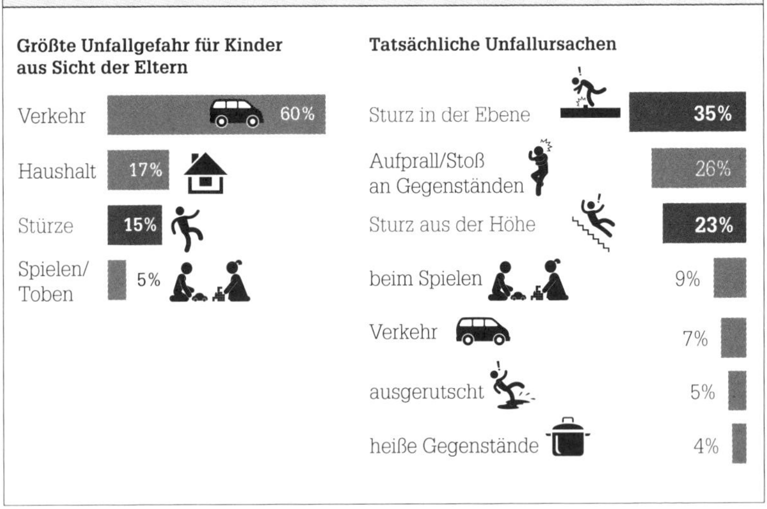

Quelle: Gesamtverband der Deutschen Versicherungwirtschaft (GDV)

leidenschaft gezogen wird – fünfmal so oft wie die Finger, doppelt so oft wie die Beine, anderthalbmal so oft wie die Arme. Nicht selten sterben Kinder bei unfreiwilligen Zusammenstößen mit harter Materie.
Doch auch sanfte Elemente sind Todbringer. Viele Eltern wissen das, und so ist die Angst vor dem Ertrinken des eigenen Kindes weit verbreitet – im Wasser sehen etwa die Hälfte der Eltern das höchste oder ein hohes Risiko für das Ableben ihres Kindes. Kein Wunder: Weltweit ist das Ertrinken bei 5- bis 15-Jährigen die häufigste Unfalltodesursache. Doch es gilt eben: Machen Sie sich Sorgen, aber nicht die falschen. Denn in Deutschland ist die Gefahr, dass ein Kind ertrinkt, in den ersten fünf Lebensjahren weniger als halb so groß wie die, bei einem Unfall in den eigenen vier Wänden zu sterben, in den fünf Jahren danach um ein Drittel geringer. Das gilt auch für den Vergleich der Unfälle zu Hause mit denen im Sportverein: Sollten Sie Angst haben, weil Ihr Kind vollen Körpereinsatz beim Fußballspiel zeigt, seien Sie beruhigt: In der Unfallstatistik steht der Sport im Verein mit vier Prozent ziemlich weit unten.

Mehr aufräumen – weniger Vergiftungen

Konzentrieren Sie sich lieber darauf, beim Wäsche-in-die-Waschmaschine-Stopfen, Kochen, Telefonieren oder Einkäufe-in-den-Schrank-Räumen Ihr Kind nicht aus den Augen zu lassen. 2012 starb fast jedes dritte Kind (77 von 273 auf 100.000 Einwohner) an Verletzungen (Unfällen) und Vergiftungen. Bei Säuglingen ist das Ersticken, zum Beispiel durch das Verschlucken oder Einatmen von Bauklötzen oder anderen Spielsachen, die häufigste unfallbedingte Todesursache. Und wissen Sie auch genau, womit Ihr Kleines gerade hantiert? Die Stiftung Warentest fand zuletzt an oder in jedem zweiten Kinderspielzeug gefährliche Substanzen – mit einem Risiko von 1:2 hält Ihr Kind also gerade etwas in den Händen, was unter Umständen nicht gut für es ist.
Aufgepasst, wenn das Kind erst einmal seinen Bewegungsradius erweitert und nicht nur krabbeln, sondern sogar stehen und laufen kann: Jährlich ereignen sich etwa 100.000 Vergiftungsunfälle bei Kindern unter 14 Jahren. Am häufigsten trifft es die Kleinsten: Auf Kinder unter drei Jahren kommen 60 Prozent aller Fälle. Am häufigsten sperren Eltern Maschinen-

geschirrspülmittel oder Reinigungsmittel nicht gut genug weg. Am zweithäufigsten schlucken Kinder Medikamente, die für sie nicht gemacht sind – ob Erkältungsmittel, Opas Herztabletten, Psychopharmaka oder auch DIE Pille. Ebenso führen giftige Beeren und Pflanzen, Zigaretten und Alkohol zu vielen Vergiftungsunfällen. Eltern sollten also nicht nur nach der Silvesterfeier gut aufräumen, sondern auch Alpenveilchen und Weihnachtsstern außerhalb der Reichweite von neugierigen Kinderhänden aufbewahren – diese beiden beliebten Zimmerpflanzen haben hochgiftige Bestandteile.

Auf dem Spielplatz ist die Hölle los

Auf diesen Spielgeräten verletzten sich Kinder am häufigsten

	prozentualer Anteil an Unfällen
Schaukel	30 %
Rutsche	20 %
Klettergerät	13 %
Reckstange	4,1 %
Karussell	3,9 %
Holzspielhaus	1,8 %
Sandkiste	1,8 %
Wippe	1,5 %
Sonstige Spielgeräte	23,9 %

Quelle: Deutsche Gesetzliche Unfallversicherung (DGUV)

Zur Erinnerung: Die meisten Unfälle ereignen sich zu Hause. Lediglich ein Fünftel so hoch wie das Risiko etwa von Vergiftungen ist mithin das von Unfällen und Verletzungen auf dem Spielplatz. Was nicht heißt, dass dieses Risiko gering ist. Hervorstehende Nägel und Glasscherben sorgen für manche Wunde, und unachtsame Tritte beim Klettern führen direkt auf den schmerzhaften Boden der Tatsachen. Auf den etwa 180.000 öffentlichen Spielplätzen in Deutschland ereignen sich, so eine Hochrechnung der Bundesanstalt für Arbeitsschutz und Arbeitsmedizin, allein mit Spielplatzgeräten jährlich etwa 22.000 Kinderunfälle. Dabei können Sie beruhigt sein, solange sich Ihr Kind im Sandkasten, im Holzspielhaus oder auf der Wippe vergnügt. Mit weniger als je vier Prozent der Spielplatzunfälle lassen sich die Gefahren dieser Spielgeräte fast vernachlässigen. Doch wer Kinder hat, weiß: Die Kleinen wollen ständig auf die Schaukel – und hier ist das Risiko, dass etwas passiert, dann auch gleich zehnmal so hoch. Rund 30 Prozent aller Unfälle sind Stürze von der Schaukel oder Zusammenstöße. Und ein Fünftel der Unfälle ist darauf zurückzuführen, dass Kinder allzu schnell die Rutsche heruntersausen.

Messer, Gabel, Schere, Wasserkocher

Neben gefährlichen Gegenständen – Messer, Gabel, Schere – geht auch vom Licht eine erhebliche Gefahr aus. Das weiß schon der Kinderreim. Die Kleinen sind besonders gefährdet, sich zu verbrennen, zu verbrühen oder in den Flammen sogar umzukommen. Jedes dritte Brandopfer in Deutschland ist ein Kind, obwohl nicht einmal jeder sechste Deutsche ein Kind ist.

Heranwachsende verursachen jeden Tag mehr als 20 Brände in Deutschland, mehr als die Hälfte davon Kinder unter 14 Jahren.

Nicht immer steht gleich das ganze Haus in Flammen. Um Verbrennungen und Verbrühungen zu vermeiden, sollten Eltern sich, abgesehen von der Aufbewahrung der Streichhölzer, auch genau überlegen, wo sie den Wasserkocher hinstellen. Das Umkippen oder Herunterziehen dieser Haushaltshelfer stellt eine besonders große Gefahr dar: 90 Prozent der schwersten Verbrühungen bei Kindern sind auf jene Geräte zurückzuführen.

Und die Eltern?

Die Familie ist der Schutzraum der Gesellschaft. Hier wachsen Kinder behütet und sicher auf – im Idealfall. Aber nicht immer ist die Welt so heil wie in der Waschmittel- oder Schokoladenwerbung. Denn auch die eigenen Eltern sorgen durch ihr Verhalten dafür, dass Kinder in Gefahr geraten. Absichtlich und unabsichtlich schaffen sie Risiken, und das nicht nur durch herumstehende Putzmittel oder fehlende Treppengitter.

Mindestens jedes zweite Kind in Deutschland lebt zum Beispiel in einem Raucherhaushalt. Damit ist das Leben als Kind in der Bundesrepublik nicht sehr viel gesünder als in den Entwicklungsländern, wo mit Abstand am meisten gequalmt wird: Im weltweiten Schnitt haben vier von zehn Kindern mindestens einen rauchenden Elternteil.

In der Wohnung oder im Auto sind die Luft oder Papas Klamotten geschwängert mit Tabakrauch, der mindestens 250 giftige oder krebserregende Substanzen enthält. Jede Woche stirbt in Deutschland ein Kind an den Folgen des Passivrauchens. Das Risiko, betroffen zu sein, steigt, wenn der Bildungsgrad sinkt: Kinder, die auf die Hauptschule gehen, wohnen dreimal so häufig in einem Raucherhaushalt wie ihre Altersgenossen auf dem Gymnasium. Die Weltgesundheitsorganisation geht davon aus, dass durch das Passivrauchen jährlich rund 165.000 Kinder weltweit sterben. Eine besondere Verantwortung trägt natürlich die Mutter. Wenn sie raucht, so die Statistik, stillt sie nicht oder weniger lang, im Schnitt nur halb so lang wie eine nichtrauchende Mutter – und nicht oder sehr kurz Stillen gereicht einem Kind zum gesundheitlichen Nachteil. Vor allem das Risiko des Plötzlichen Kindstodes steigt, wenn eine Frau nach der Geburt ihres Kindes eine tägliche Nikotinration zu sich nimmt – auf das Siebenfache. Die betroffenen Kinder haben ein doppelt so hohes Risiko, dass sich ihre Sprachentwicklung verzögert, und erkranken bis zur Volljährigkeit bis

»Gib mir auch mal eine« –

Raucherkinder rauchen später selbst

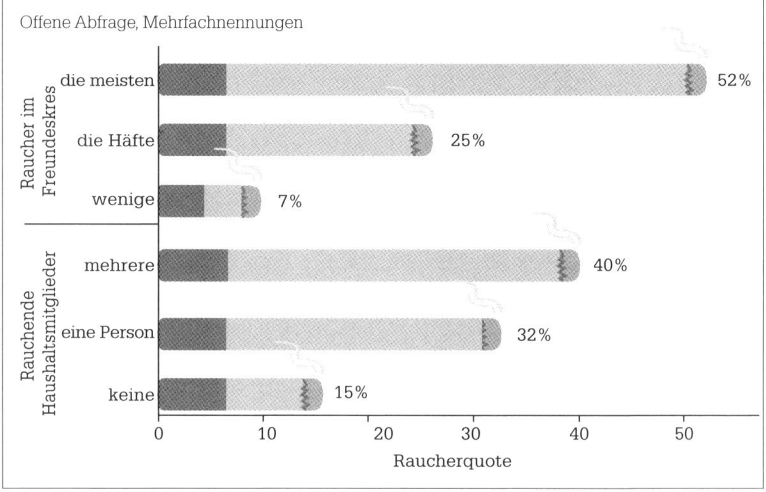

Quelle: Deutsches Krebsforschungszentrum (DKFZ)

zu viermal häufiger an einer Hirnhautentzündung. Rauchende Elternteile sind außerdem kein gutes Vorbild: Rauchen beide Elternteile, ist die Wahrscheinlichkeit, dass das Kind später selbst raucht, am höchsten – sie liegt bei 40 Prozent und damit viermal so hoch wie bei Kindern aus Nichtraucherhaushalten.

Wenig vorbildhaftes Verhalten hat also Folgen – aber auch die Veranlagung und Gesundheit der Eltern. Jedes vierte Kind – eine halbe Million Kinder also – wächst mit mindestens einem psychisch kranken Elternteil auf und hat damit ein zwei- bis sechsmal erhöhtes Risiko, später selbst an einer psychischen Störung zu erkranken.

Auch körperliche Gewalt erleben Kinder in der Familie – mit einer Wahrscheinlichkeit von 1:10. Jedes zehnte Kind erleidet also körperliche Übergriffe. 10 bis 18 Prozent der Mädchen werden sexuell missbraucht, 5 bis 7 Prozent der Jungen. Dabei ermittelt die Polizei die meisten Täter in der Familie: 70 bis 80 Prozent der Gewalttaten gegen Kinder sind auf die Eltern oder Erziehungsberechtigten zurückzuführen. Sie tun ihrem Kind damit nicht nur physisch und psychisch Gewalt an. Viele Kinder laufen von zu Hause weg, weil sie keinen anderen Ausweg wissen, und begeben sich damit in weitere Gefahren. Rund 50.000 Kinder und Jugendliche werden jedes Jahr in Deutschland als vermisst gemeldet – nicht wenige bleiben es. Ob wegen Krachs mit den Eltern, Liebeskummer oder weil sie entführt wurden – etwa die Hälfte aller Vermissten sind Kinder und Jugendliche. Laut dem Bundeskriminalamt taucht die Hälfte aller Vermissten innerhalb einer Woche wieder auf. Nach einem Monat sind bereits 80 Prozent der Fälle geklärt. Doch drei Prozent aller vermissten Personen sind auch nach einem Jahr noch nicht wieder zu Hause. Und so meldet das BKA seit Jahren eine konstante Zahl von etwa 1500 Kindern, die über viele Jahre oder für immer vermisst bleiben.

Vorsicht, (Schul-)Sport!

Der erste Gang von Kindern, den sie alleine bewältigen, ist meist der Schulweg. Doch dabei kann viel passieren. Auf den ersten Blick mögen die Zahlen gering erscheinen: Das Unfallrisiko auf dem Schulweg liegt bei 6,47 je 1000 Schüler. Nur fünf von knapp 21.000 tödlichen Unfällen waren im Jahr 2012 Schulunfälle. Und doch: Betrachtet man die Schule als den Beruf der Kinder, ist die Sorge berechtigt. Denn ein Vergleich der Risiken von Arbeitsweg und Schulweg und von Arbeits- und Schulunfällen macht deutlich: In der Schule passiert dreimal so viel.

Auf 1000 Schüler kommen 71,69 Unfälle, Erwachsene erleiden auf der Arbeit dagegen nur 23,32 Unfälle je 1000 Berufstätige. Und während auf dem Arbeitsweg jeder 250. Berufstätige zu Schaden kommt, ist es auf dem Schulweg jeder 154. Schüler. Das Risiko auf dem Schulweg ist also 1,6-mal so hoch.

Wenn der Job auch noch wehtut

So oft kommen Arbeitnehmer zu Schaden

	Arbeitsunfälle	
Jahr	**je 1000 Vollarbeiter**	**je 1 Mio. Arbeitsstunden**
1986	52,33	32,30
1996	41,40	27,27
2006	26,95	17,06
2007	26,81	16,86
2008	26,80	16,64
2009	24,30	15,48
2010	25,84	16,15
2011	24,52	15,42
2012	23,32	14,76

Quelle: Deutsche Gesetzliche Unfallversicherung (DGUV)

Ein kleiner Trost: Arbeiten ist deutlich öfter tödlich als die Schule. 2012 kam es zu 62,5-mal so vielen tödlichen Arbeitsunfällen wie zu Unfällen in der Schule. Auf dem Schulweg kamen 48 Kinder um, aber achtmal so viele Menschen (386) auf dem Weg zur Arbeit.

Wenn in der Schule dann doch etwas passiert, dann mit der höchsten Wahrscheinlichkeit im Sportunterricht. Von den knapp 72 Unfällen auf 1000 Schüler geschahen 30 im Sportunterricht und 17 auf dem Pausenhof.

Beim Fußball verletzen sich mit einer Quote von 4,72 die meisten, gefolgt von Geräteturnen. Übrigens ist das Risiko, dass sich Ihr Kind im Sportunterricht verletzt, damit in etwa fünfmal so hoch wie das, dass es auf dem Schulweg zu Schaden kommt. Und auf dem Pausenhof passiert etwa drei-

Gefahr auf dem Pausenhof

Jahr	Schulunfälle je 1000 Schüler	Schulwegunfälle je 1000 Schüler
1986	69,93	7,49
1996	81,47	8,42
2006	73,55	7,17
2007	74,27	6,63
2008	78,11	6,95
2009	73,25	6,77
2010	76,35	7,28
2011	75,78	6,69
2012	71,69	6,47

Quelle: Deutsche Gesetzliche Unfallversicherung (DGUV)

Tödliche Schülerunfälle

Jahr	Schulunfälle	Schulwegunfälle
1986	5	119
1996	18	115
2006	11	54
2007	5	57
2008	8	68
2009	14	45
2010	6	50
2011	7	70
2012	8	48

Quelle: Deutsche Gesetzliche Unfallversicherung (DGUV)

mal so oft etwas. Das sollte Ihnen die Angst vor dem Schulweg nehmen, oder? Zumindest, wenn das Wochenende naht. Prozentual ereignen sich die meisten Schulwegunfälle nämlich am Montag und Mittwoch. Wenn Ihr Kind am Mittwochnachmittag gesund an der Tür klingelt, ist das Wochenende, statistisch betrachtet, also schon da.

Die Woche beginnt mit dem Schlimmsten

Tödliche Schulwegunfälle
nach Wochentag (2008–2012)

	absolut	%
Montag	62	22,06
Dienstag	52	18,51
Mittwoch	62	22,06
Donnerstag	47	16,73
Freitag	54	19,22
Sa./So.	4	1,42
Insgesamt	**281**	**100**

Quelle: Deutsche Gesetzliche Unfallversicherung (DGUV)

Kapitel 3:

Jugend & Pubertät Der Geschmack von Freiheit, Tod und Abenteuer

Kleine Kinder, kleine Sorgen – große Kinder, große Sorgen. Wenn die Angst um Ihr Kind Ihnen bereits den Schlaf geraubt hat, als es noch ein Baby war, dann werden Sie mit Beginn der Pubertät wohl kaum noch ein Auge zutun. Es ist fast egal, aus welchem Grund Sie sich beunruhigen, wenn Sie Ihr Kind im Alter zwischen 10 und 14 zu Hause allein lassen. Das Risiko, an einem Unfall im Haushalt zu sterben, ist in dieser Altersgruppe genauso hoch wie das eines Selbstmords. Mit zunehmendem Alter steigt die Suizidrate dann allerdings steil an – zwischen 15 und 19 bringen sich 2,5-mal so viele Jugendliche um, als durch einen Unfall zu Hause oder in der Freizeit sterben.

... große Kinder, große Sorgen

Tödliche Verletzungen je 100.000 Einwohner

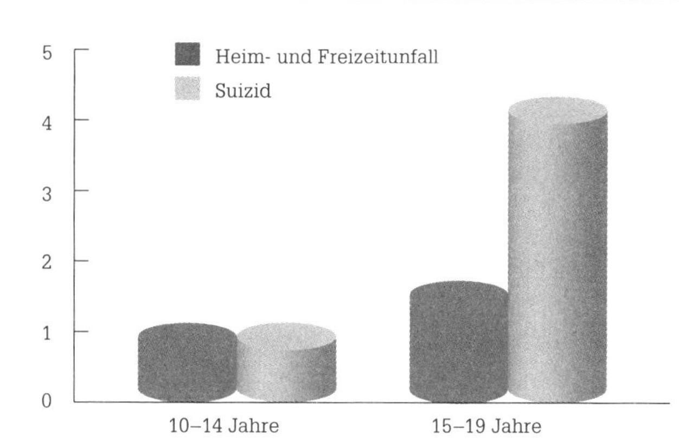

Quelle: Destatis/Statistisches Bundesamt

Autos und Schwermut

Autos und Schwermut lauten die beiden großen Todbringer in der Pubertät. Während Säuglinge am häufigsten durch Unfallverletzungen eines unnatürlichen Todes sterben, sind Verkehrsunfälle und Selbstmord bei Jugendlichen ab 14 Jahren die häufigsten Todesursachen. Mit dem Beginn der Pubertät schnellen die Zahlen dafür nach oben. Jedes Jahr sterben in Deutschland zusammengerechnet mehr Jugendliche bei Unfällen (im Straßenverkehr und andere) und durch Selbstmord als durch Krankheiten.

Pubertät und Unfalltod

Tödliche Verletzungen je 100.000 Einwohner

Lebensalter	2000	2010	Veränderung in %
unter 1 Jahr	10,5	6,7	-36,3
1–4 Jahre	6,4	4,1	-35,3
5–14 Jahre	4,2	2,5	-40,4
15–19 Jahre	27,9	15,5	-44,4

Quelle: Destatis/Statistisches Bundesamt

Rund alle sechs Minuten verunglückt ein heranwachsender Führerscheinneuling (zwischen 18 bis 25 Jahre) bei einem Verkehrsunfall – dreimal so häufig wie ein Kind unter 15 Jahren. Das Risiko der 10- bis 15-Jährigen, bei einem Verkehrsunfall zu verunglücken (1:245), ist dabei nicht viel niedriger als das, wegen Vollrausches im Krankenhaus zu landen (1:300, bezieht sich auf 10- bis 19-Jährige).

Drugs …

Wer es noch rechtzeitig ins Krankenhaus schafft, wird dort nicht selten wegen Drogen- oder Medikamentenmissbrauchs eingeliefert – Mädchen fast dreimal so oft wie Jungen. Dafür trinken Jungen mehr, ob sie das gesetzlich schon dürfen oder nicht: Drei Viertel der Jugendlichen, die volltrunken ins Krankenhaus eingeliefert wurden, waren noch minderjährig. Man könnte sagen: Sobald Sie mit Ihrem Kind ganz unschuldig seinen 14.

Geburtstag gefeiert haben, geht es Schlag auf Schlag. Mit durchschnittlich 14,3 Jahren greifen Jugendliche zum ersten Mal zur Zigarette, mit 14,5 Jahren fangen sie mit dem Trinken von Alkohol an. Der erste richtige Rausch kommt dann mit 15,9, und Hasch raucht der deutsche Durchschnittsjugendliche zum ersten Mal mit 16,7 Jahren.

Wenn nur noch der Notarzt helfen kann

Kinder und Jugendliche, die mit Vergiftungen (auch Drogen) ins Krankenhaus kommen (je 100.000 Einwohner)

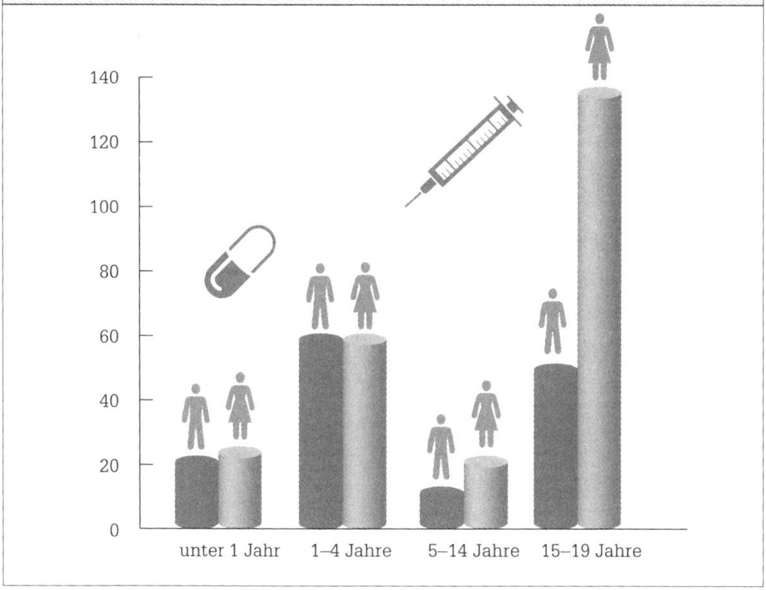

Quelle: Destatis/Statistisches Bundesamt

Sobald sie flügge werden, beginnen Kinder eben auch selbst damit, ihr Leben in Gefahr zu bringen. Etwa die Hälfte der Jugendlichen greift regelmäßig zum Glimmstängel. 47 Prozent betrug laut dem Robert-Koch-Institut zuletzt die Quote der täglich rauchenden 11- bis 17-Jährigen. Zwischen 18 und 25 Jahren raucht jeder Dritte. Und sollte Ihr Kind, aber das ist, statistisch gesehen, recht selten, sogar zu illegalen Drogen greifen, wird es heute in den meisten Fällen nicht mehr Heroin sein. Mehr als fünfmal häufiger ist heutzutage laut Statistiken des Bundeskriminalamtes die Droge Crystal Meth.

»Die Hölle, das sind die anderen«, wusste schon Sartre. Und wer in der Schule nicht dazugehört, versteht den Satz schon als Heranwachsender. Wir haben gesehen, dass die Zeit, die Kinder in der Schule verbringen, nicht ohne Gefahren ist – Stichwort Schul(weg)unfälle. Doch Klassenkameraden setzen nicht nur körperlich einander zu, sondern auch mit Worten. Mindestens jeder zweite Schüler hat bereits Erfahrungen mit Mobbing gemacht, und jeder zweite Fall von Mobbing geht auf das Konto von Klassenkameraden. Vor allem in der achten und neunten Klasse sind Hänseleien, gezielt gestreute Gerüchte oder Schlimmeres verbreitet – mal seltener, mal häufiger. Jedes zehnte Mobbingopfer bekommt täglich etwas zu spüren. Es zählt eben sehr, ob man die richtige Clique findet oder nicht.

… and Rock 'n' Roll

Musik ist hier ein prägender Einfluss. Traditionell entscheidet sie darüber, mit wem sich Jugendliche zusammentun – und wie sie sich von den Eltern abgrenzen. Diese machen sich traditionell Sorgen, ob sie ihr Kind ohne größere Verwirrungen und äußere Ausfallerscheinungen durch die Pubertät bekommen: »Mach das leiser! Schneid dir die Haare!«, schallt es dann durch das Haus. Und die Ängste der Eltern vor dem, was da aus dem Zimmer ihrer pubertierenden Kinder schallt, werden genährt von beunruhigenden Studienergebnissen:

Forscher der Columbia University und der University of California Los Angeles wollen zum Beispiel herausgefunden haben: Heavy Metal klinge nicht nur für Eltern so – harter Rock mache auch wirklich depressiv. Unter dem Titel »Heavy Metal Music and emotional Dysphoria among Listeners« schreiben die Forscher, dass es einen Zusammenhang zwischen Heavy Metal und Selbstmordgefahr gebe. Eine Studie der Universität Melbourne legt sogar nahe, dass die Musik Jugendliche mit Suizidtendenzen anziehe. Seien Sie aber bitte nicht sauer, wenn Ihr Filius dann mit Blick auf Ihre CD-Sammlung kontert, dass eine andere Studie dasselbe über Country-Liebhaber herausgefunden haben will: US-Forscher haben tatsächlich statistisch belegt, dass die Selbstmordrate steigt, je häufiger im

Radio Country-Musik läuft. Wer bereits Selbstmordgedanken hege, bei dem würden sie durch Country mit seinen Songs über Scheidung, Arbeitslosigkeit und Alkoholmissbrauch noch verstärkt. Dabei ist Country, was die Musik betrifft, ja noch harmlos. Besonders aufwühlende Musik wie Rock, Heavy Metal, Gangsta-Rap, Punk und Techno macht sogar kriminell, fanden niederländische Forscher heraus. Wer in der Jugend solche Musik hört, taucht später häufiger in den Statistiken bei kleineren Straftaten (Diebstahl, Vandalismus) auf. Australische Forscher sagen sogar: Nicht nur Heavy Metal sei ein Zeichen dafür, dass Ihr Kind neben der Spur ist und Sie noch manches Mal ein Anruf der Polizei von der Couch scheucht. Auch Rap-Kids haben mit größerer Wahrscheinlichkeit ungeschützten Geschlechtsverkehr und fahren außerdem angetrunken Auto. Jazz-Kids wiederum seien Einzelgänger und Außenseiter. Noch ein paar Studienergebnisse: Wer gepierct und tätowiert ist, trinkt mehr. Und: Bei lauter Musik schmeckt Alkohol süßer und somit besser. Man trinkt also schneller und unkontrolliert.
All das ist möglicherweise ja beabsichtigt, möchte man diesen Forschern zurufen. Denn das ist möglicherweise das Spannende daran!
Noch ein Beispiel: Eine Studie belegt, dass Männer mit Gitarren auf Frauen attraktiver wirken. Der Flirt mit dem Rock-'n'-Roll-Faktor liegt also auf der Hand. Und doch ist es mit größter Wahrscheinlichkeit sinnvoll, darauf hinzuarbeiten, dass das eigene Kind nicht den Beruf des Rockstars ergreift. Denn Musiker zwischen 20 und 40 haben ein zwei- bis dreimal höheres Todesrisiko als der Durchschnittsbürger, fanden australische Forscher heraus, die den Mythos des »Club 27« auf den Prüfstand stellten. Ob Kurt Cobain oder Amy Winehouse: Viele Rockstars starben schon im Alter von 27. Daher wird vermutet, dass dieses Lebensjahr besonders gefährlich ist. Dafür fanden die Wissenschaftler dann allerdings keinen eindeutigen Beleg.

Sonne und Liebe

Ob laute Musik, umgehängte Gitarren, Alkohol, Drogen, echte, tief empfundene Liebe oder alles gleichzeitig ihren Teil dazu beigetragen hat: Rund 22.000 Mädchen im Alter zwischen 15 und 19 brachten 2008 in Deutschland ein Kind zur Welt – das sind etwa 10 auf 1000 Mädchen, oder einfacher ausgedrückt: Jedes 100. Mädchen bekommt als Teenager ein Baby. Hinzugerechnet werden müssen allerdings noch die etwas mehr als 4000 Schwangerschaften, die abgebrochen wurden. In Deutschland gibt es jährlich rund 110.000 Abtreibungen, und jede 25. Frau ist dabei nicht volljährig. Gehen wir von einer Jahrgangsstärke von 100 Schülern aus, und die Hälfte davon sind Mädchen, gibt es, statistisch gesehen, also allein in der Oberstufe jedes Gymnasiums jedes Jahr mehrere Schwangerschaften.

Je älter sie werden, desto höher ist außerdem das Risiko, das Eltern von Mädchen besonders fürchten: Jedes vierte Vergewaltigungsopfer ist zwischen 14 und 18 Jahre alt – damit steigt das Risiko mit Beginn der Pubertät auf das Fünffache. Dennoch sollten Eltern lernen loszulassen. Denn wer das nicht tut und Pech hat, hat die Kinder im Studium immer noch zu Hause. Ein Viertel aller Studenten wohnt auch jenseits der 20 noch im Hotel Mama und pflegt sein Nesthockersyndrom.

Sex, Alkohol, Rockmusik, Drogen – für viele Eltern Teufelszeug. Sport dagegen hat ein gutes Image. Und doch kann man es auch damit übertreiben: Laut der Deutschen Gesellschaft für Kinderchirurgie ist etwa die Hälfte aller »Schäden« durch Sport auf zu viel und zu intensives Training zurückzuführen. Rund 5,5 Prozent aller Schüler haben pro Jahr einen Unfall beim Sportunterricht. Das sind jedes Jahr gut 600.000 Fälle. Der Sportunterricht ist am Ende also doch bedrohlicher als Heavy Metal und Gangsta-Rap.

Kapitel 4:

Mobilität & Verkehr

Frauen und Kinder zuletzt

Wenn Menschen frühzeitig aus dem Leben scheiden, hat das häufig einen ganz einfachen Grund: Sie bewegen sich. Vor allem der Wunsch, möglichst schnell und bequem von einem Ort an den anderen zu gelangen, endet nicht selten auf halber Strecke. Mal, weil das Beförderungsmittel an sich einige Risiken birgt, mal aber auch, weil auf überlieferte Rettungsregeln kein Verlass ist.

So kommt es zwar vergleichsweise selten vor, dass ein Kreuzfahrtschiff sinkt. Wenn doch, dann rechnen sich vor allem weibliche und junge Passagiere beste Chancen auf Rettung aus. Schließlich heißt es: »Frauen und Kinder zuerst!« in die Rettungsboote.

Die Realität der Meere sieht jedoch anders aus, haben schwedische Forscher ermittelt. Demnach erreichen Frauen nur halb so oft einen Platz im Rettungsboot wie ihre männlichen Mitreisenden. Im Rahmen ihrer Untersuchung haben sich die Forscher 18 Schiffsunglücke der vergangenen 100 Jahre genauer angesehen. An Bord waren dabei insgesamt 15.000 Menschen aus 30 Nationen. Nur bei fünf der Schiffskatastrophen wurde überhaupt das Kommando »Frauen und Kinder zuerst!« gegeben. Genützt hat es auch nicht immer.

Frauenretter gab es nur auf der *Titanic*

Allein beim Untergang der *Titanic* – und einem einzigen weiteren Unglück – überlebten mehr Frauen und Kinder als Männer: 1495 *Titanic*-Passagiere starben, gerettet wurden 333 Frauen, 56 Kinder und 323 Männer. Zum Verhängnis wurde Frauen in den folgenden Jahren nach Meinung der Forscher auch die wachsende Gleichberechtigung. Ließ Mann den Damen Anfang des 20. Jahrhunderts tatsächlich noch den Vortritt, sanken die Überlebenschancen weiblicher Passagiere seit dem Ersten Weltkrieg. Nicht einmal das Bild des ehrenhaften Kapitäns, der an Bord seines untergehenden Schiffs Richtung Meeresboden rauscht, ließ sich aufrechterhal-

Mit Mann und Maus

Die Schiffsunglücke mit den meisten Todesfällen (2000 – 04/2012)

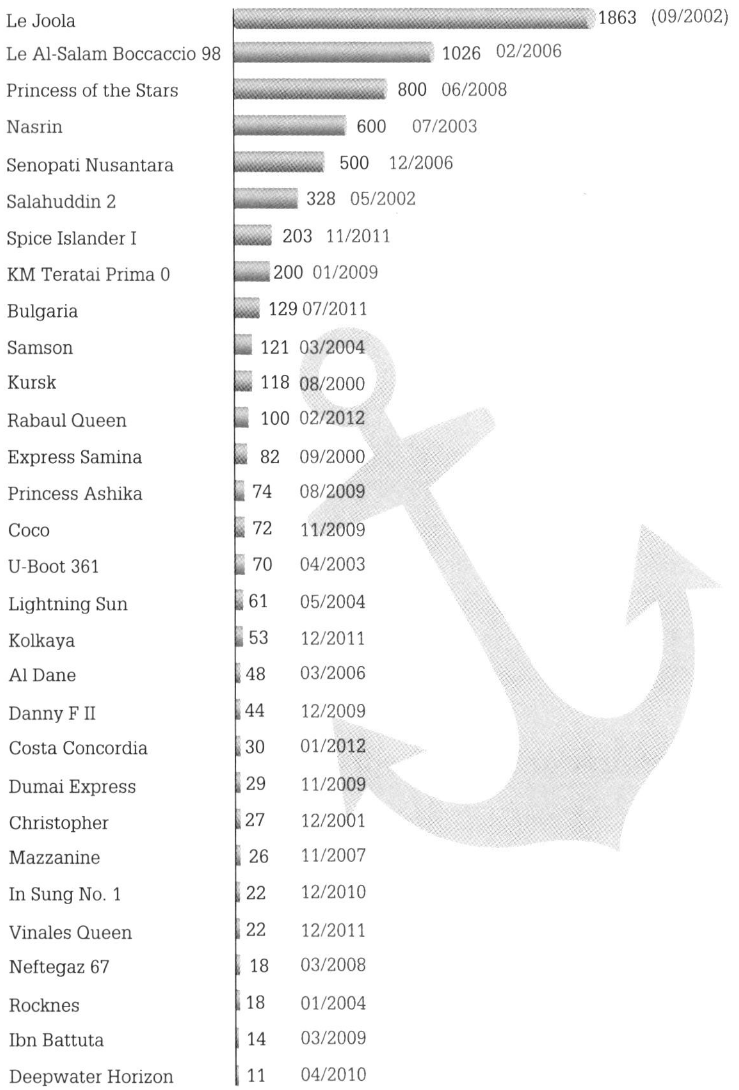

ten. Nur in der Hälfte der untersuchten Fälle ging der Kapitän mit unter. Vielmehr ist es so, dass gerade Besatzungsmitglieder weit bessere Überlebenschancen haben als die Passagiere. Denn die Crew kennt sich schließlich bestens mit den Notfallmaßnahmen aus – und nutzt sie für sich selbst. Trotzdem boomen Kreuzfahrten seit vielen Jahren. Schließlich gelten sie als überaus sicher. Ein Unglück wie das der *Costa Concordia* kommt nur alle Jubeljahre vor – und wenn, dann überleben die meisten Menschen. Als das Schiff im Jahr 2012 im Mittelmeer kenterte, waren 4229 Menschen an Bord, 4197 von ihnen überlebten. Stürzt dagegen ein Passagierflugzeug ab, sind die Überlebenschancen nahe null.

1-mal sterben = 13 Jahre schwimmen oder 63 Jahre fliegen

Diese Gleichung verschleiert jedoch die tatsächlichen Risiken. Rein rechnerisch kann ein Mensch 13 Jahre ununterbrochen mit einem Schiff unterwegs sein, bevor es zu einem Unglück kommt. Das hört sich gut an, kann jedoch nicht mit der Sicherheit des Fliegens mithalten: Statistisch gesehen, muss ein Mensch 63 Jahre ununterbrochen fliegen, bevor er einen Absturz erlebt. Das hängt vor allem mit der Zahl der zurückgelegten Kilometer und der Häufigkeit solcher Touren zusammen. Schließlich sind Flugzeuge häufiger und schneller unterwegs als die Luxusliner auf den Meeren.

Jährlich finden mehr als 30 Millionen kommerzielle Flüge statt – bis zum Jahr 2030 soll diese Zahl auf 52 Millionen steigen. Doch es befinden sich nicht nur die Jets der großen Fluggesellschaften in der Luft, sondern auch Segel- und Sportflugzeuge. Daher geht man davon aus, dass täglich weltweit bis zu 3,5 Millionen Flüge stattfinden. Aufs Jahr gerechnet, sind es – wegen saisonaler Schwankungen – etwa 550 Millionen Flüge.

Während die Zahl der Flüge und der zurückgelegten Distanzen wächst, geht die Menge der Flugzeugunglücke zurück. Nach Zahlen der International Civil Aviation Organization (ICAO) wurden im Jahr 2012 auf kommerziellem Wege etwa 3,2 Milliarden Menschen durch die Luft befördert. Gleichzeitig wurden weltweit 99 größere Unglücke mit Maschinen von Airlines bekannt, bei denen 372 Menschen starben – im Jahr 2006 waren

Runter kommen sie immer:
Die Länder mit den meisten Flugzeugunglücken seit 1945

Stand 27. Oktober 2013

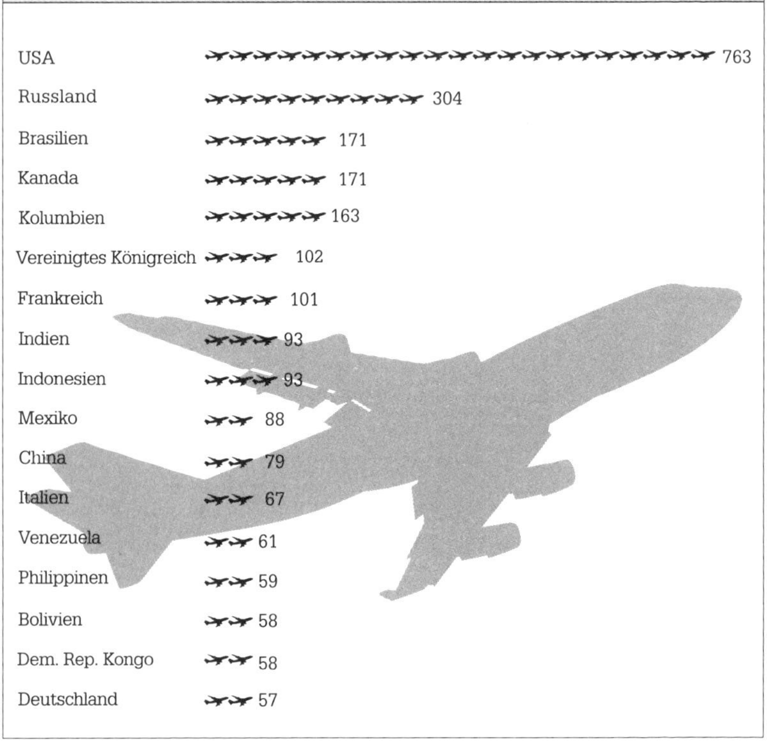

es mit 806 Todesfällen noch mehr als doppelt so viele. Nach ICAO-Berechnungen bedeutet dies, dass auf eine Million Starts 2,4 Unglücke kommen. Oder wie die Betreiber von flugzeug-absturz.de errechnet haben: Alle 590.000 Flugstunden fällt ein Flugzeug vom Himmel, die Chance, selber an Bord einer dieser Maschinen in den Tod zu stürzen, liegt bei 0,00000007 Prozent.

Allerdings variiert diese Wahrscheinlichkeit je nach Erdteil. So erfasste die ICAO 2012 zwar nur fünf Unfälle von Passagiermaschinen in Afrika. Dabei kamen jedoch 167 Menschen und damit 45 Prozent aller Absturzopfer des Jahres ums Leben. Europa dagegen lag mit 30 Flugunfällen an der unrühmlichen Weltspitze. Dabei verloren allerdings nur 42 Menschen ihr Leben, ein Anteil von 11 Prozent. Noch wahrscheinlicher ist das Überleben in Nordamerika. Von der Gesamtzahl der Unglücke lag man mit 29 knapp hinter Europa, musste dabei aber kein einziges Todesopfer beklagen. Wer ganz sichergehen will, muss nach Ozeanien reisen. Dort gab es keine Abstürze und damit keine Toten. Der Grund: Wo nichts fliegt, kann auch nichts abstürzen.

Leaving by a Jet Plane

Komplettverluste von Flugzeugen

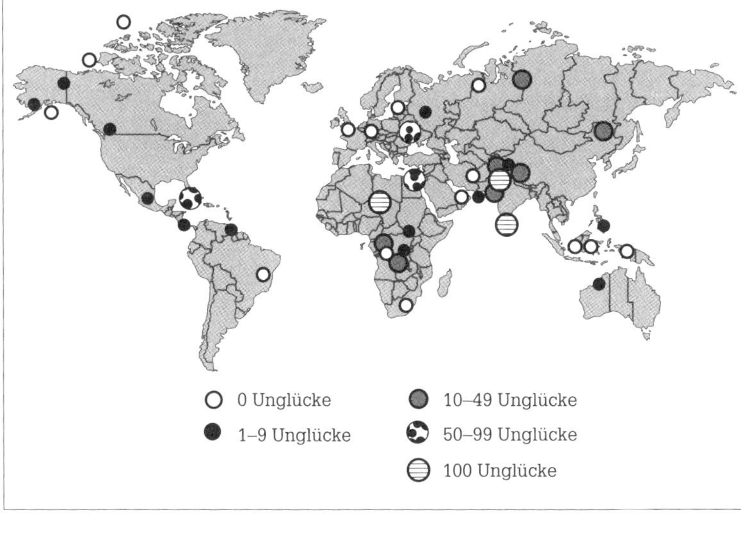

Alle 225.000 Kilometer ein Straßenbahnunfall

Wie das Sterberisiko auf Reisen in Deutschland aussieht, das hat das Statistische Bundesamt untersucht. Demnach ist auch hier das Flugzeug das sicherste Verkehrsmittel. Die Passagierflieger legten durchschnittlich 113 Millionen Flugkilometer zurück, bis es zu einen Unfall kam. Die Bahn dagegen musste nach 1,31 Millionen Kilometern einen Unfall mit Perso-

nenschaden beklagen. Bei Bussen war es bereits nach 616.000 Kilometern so weit. Noch riskanter erwies sich ein Gefährt, das kaum jemand mit einer möglichen Gefahr in Zusammenhang bringt: Alle 225.000 Kilometer Fahrstrecke kam es bei Straßenbahnen zu einem Unfall mit Verletzten.
Nun sind Statistiken bekanntlich das, was der Statistiker daraus macht. Daher lässt sich die Untersuchung gänzlich anders lesen: Errechnet wurde auch, wo es denn die wenigsten Verunglückten je 100 Millionen beförderter Menschen gab. Bei dieser Betrachtungsweise erreichte die Bahn den ersten Platz als sicherstes Verkehrsmittel. Hier verunglückten 9,6 von 100 Millionen Passagieren in Deutschland. Den zweiten Platz erreichte die Luftfahrt mit 14,9 Verunglückten, gefolgt von den Straßenbahnen mit 18,8.
Verunglückt wiederum kann vieles bedeuten, und zum Glück ist nicht jeder Verunglückte tot. Betrachtet man in der Statistik aber allein die Zahl der Getöteten, dann verändert sich das Bild der sichersten Verkehrsmittel noch einmal. Schließlich ist die Straßenbahn vor allem in Städten unterwegs, und zwar mit recht niedriger Geschwindigkeit. Daher birgt sie auch das geringste Risiko, dass Fahrgäste die Tour nicht überleben – von 100 Millionen Fahrgästen sterben nur 0,07. Den zweiten Platz teilen sich nach dieser Rechnung die Bahn und das Flugzeug mit jeweils 0,14 Getöteten vor den Bussen mit einem Wert von 0,20.
Verschiedene Rechnungen ergeben also auch leicht unterschiedliche Bilder. Sie ändern jedoch nichts daran, dass im Endeffekt alle genannten Fahrzeuge, Flugzeuge und auch Schiffe als Inbegriff der Sicherheit auf Reisen dastehen, zieht man zum Vergleich ein bisher noch nicht genanntes Gefährt hinzu: der Deutschen liebstes Kind – das Auto. Bei fast allen erwähnten Rechnungen steht es unangefochten an der Spitze der Gefahrenskala. Bezogen auf 100 Millionen beförderte Insassen, erwies sich die Bahn mit 9,6 Verunglückten am sichersten, im Auto ist das Risiko mit 437 Verunglückten um ein Vielfaches höher. Das Todesrisiko je 100 Millionen Fahrgäste liegt in der Straßenbahn bei 0,07, im Auto bei 4,56 und damit am höchsten.
Aber auch diese Lesart lässt sich bei geschickter Interpretation der Zahlen umdrehen: Ist in der Straßenbahn alle 225.000 und in der Bahn nach 1,31 Millionen Kilometern ein Unfall mit Verunglückten zu befürchten,

kommt der Autofahrer immerhin 1,46 Millionen Kilometer weit, bevor ihm etwas geschieht.

Doch solche Lesarten sind das eine, reale Zahlen das andere. Die letzte Kennziffer in diesem Zusammenhang sind daher die Personenkilometer, die sich aus der zurückgelegten Wegstrecke und der Zahl der beförderten Personen ergeben. Da steht das Auto dann alles andere als gut dar. Je einer Milliarde gefahrener Kilometer kommen 2,81 Menschen im Personenwagen ums Leben. In der Bahn dagegen nur 0,05 und im Flugzeug gar nur rechnerische 0,00 Menschen. Zieht man nicht die Getöteten, sondern die Gesamtzahl der Verunglückten heran, sieht die Sache ähnlich aus. Im Flugzeug verunglücken je Milliarde Kilometer 0,3 Menschen, in der Bahn 2,7 – im Auto liegt die Zahl bei 275,8.

Warum Autos Städte auslöschen – und Fußballmannschaften

Im Endeffekt bedeutet das: Reisen mit der Bahn ist in Hinblick auf das Sterberisiko 55-mal sicherer als die Autofahrt. Das gilt nicht nur für Deutschland, sondern für ganz Europa. Denn auch in anderen Ländern ist die Todesrate im Auto am höchsten, höher noch als bei uns: 9,94 Tote je Milliarde Kilometer in Ungarn, sogar 15,99 in Rumänien. Das summierte sich im Jahr 2012 zu europaweit 28.000 Verkehrstoten. Autofahrer löschen also in jedem Jahr die Bevölkerung einer europäischen Kleinstadt aus.

Die gute Nachricht dabei lautet, dass die Zahl der Unfalltoten immer weiter sinkt. Trotzdem kamen in Deutschland 2012 noch 3600 Menschen im Verkehr ums Leben – das entspricht immerhin 327 kompletten Fußballmannschaften.

Außerdem wurden 2012 allen Airbags und anderen Sicherheitsmaßnahmen zum Trotz 167.700 Menschen im Straßenverkehr verletzt. Viele davon können glücklich sein, dass sie die Blessuren überlebt haben. Schließlich ist es an deutschen Unfallschauplätzen alles andere als normal, dass einem Verunglückten geholfen wird, bevor – nach einer ewig erscheinenden – Weile Rettungsdienst oder Notarzt eintreffen. »Bei 60 Prozent der Unfälle hilft niemand den Verunglückten«, erklärte Professor Peter Sefrin,

Bundesarzt des Deutschen Roten Kreuzes, in einem Interview und meinte damit die tatenlosen Gaffer. Und das, obwohl laut Sefrin 93 Prozent aller Deutschen wissen, dass es bei der Versorgung Verletzter gerade auf die Hilfe in den ersten Minuten ankommt.

Noch nicht einmal den Anruf beim Rettungsdienst schafft mancher Augenzeuge. Aus einem kaum zu glaubenden Grund: 25 Prozent der Deutschen wissen nicht, dass sie dafür die 112 wählen müssen. Statt sich nützlich zu machen, setzen manche bei der Beobachtung eines Unfallortes auf andere Handlungen: Sie filmen die Szenerie mit dem Handy – und behindern damit nicht selten die Einsatzkräfte. Laut Sefrin werden in 16 Prozent der Fälle die Rettungsarbeiten durch Schaulustige erschwert.

Dass Autofahren im Vergleich mit der Reise in Flugzeug oder Bahn ein regelrechter Risikosport ist, dafür gibt es einen einfachen Grund: das Personal. Ein Pilot wird regelmäßig geschult, auch ein Lokführer muss wissen,

Sie waren jung und gaben Gas:
Anteil der 18- bis 24-Jährigen an der Zahl der Unfallopfer 2012

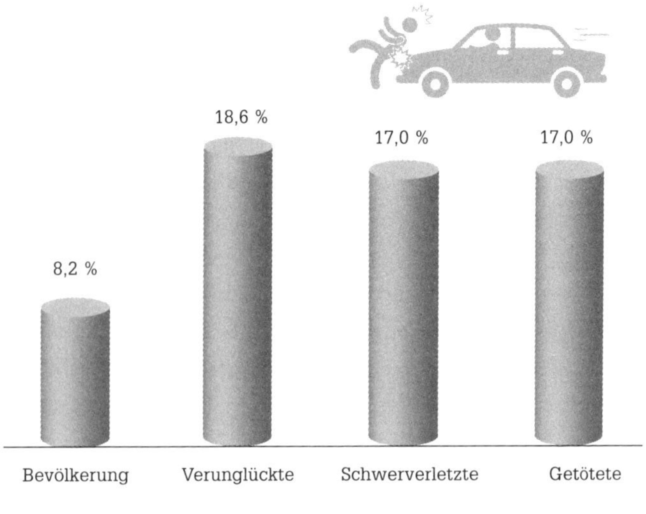

was er tut. Der Autofahrer dagegen macht seinen Führerschein und wird dann bis zum Ende seiner Tage auf die Menschheit losgelassen. Allerdings tritt dieses Ende häufig relativ früh ein, wenn der Tod durch Unfall das Leben eines Autofahrers beschließt. Gestorben wird auf den Straßen vor allem im Alter von 18 bis 24 Jahren.

Die 6,7 Millionen Menschen dieser Altersgruppe hatten 2012 einen Anteil von gerade einmal 8,2 Prozent an der Gesamtbevölkerung in Deutschland. Sie taten aber viel dafür, in weit größerem Rahmen unrühmlich in Erscheinung zu treten: Bei der Zahl der im Straßenverkehr Schwerverletzten oder Getöteten waren sie mit jeweils 17 Prozent beteiligt. Gemessen an der Zahl aller Verunglückten, kamen sie sogar auf 18,6 Prozent.

Ging es um die Schuldfrage bei einem Unfall, waren junge Fahrer ebenfalls vorn mit dabei. Sie stellten 26,2 Prozent der Fahrer, die schuld an einem Unfall mit Getöteten waren. Bei Unfällen unter Alkoholeinfluss waren sie sogar in 31,5 Prozent der Fälle schuldig. Lautete die Unfallursache »überhöhte Geschwindigkeit«, waren die Fahranfänger mit 39,6 Prozent dabei.

Die 10 gefährlichsten Autos

Die Gefährlichkeit des Autofahrens hat viele Gründe – Unachtsamkeit, Unerfahrenheit und weitere Faktoren kommen zusammen. In manchen Fällen haben aber auch die Autohersteller ihren Anteil am Risiko. Denn sie bauten in der Vergangenheit immer wieder Fahrzeuge, die an sich schon prädestiniert waren, dass ein Mensch damit sein Leben vorzeitig beenden muss.

Eine unvollständige und gänzlich subjektive Auswahl von zehn besonders mörderischen Automobilen:

10. Austin Healey 3000 (1959–1967) – das Schwein

Geht ab wie die sprichwörtliche Sau – benimmt sich aber leider auch so. Der Austin Healey 3000 hat Generationen von Sportfahrern das Fürchten gelehrt. Ist er doch das perfekte Beispiel dafür, dass geringes Gewicht in Kombination mit einem starken Motor nur dann ein schnelles Auto ergibt, wenn das Fahrwerk mitspielt. Der Healey gilt jedoch mit seinem unwillkürlich ausbrechenden Heck gerade in Kurven als unberechenbar. Genau aus diesem Grund wird der britische Roadster auch »Das Schwein« genannt. Verpasst hat ihm diesen Namen eine Frau: Pat Moss, Schwester der Rennfahrerlegende Stirling Moss, war eine der ersten erfolgreichen Rallyepilotinnen und nannte ihren Werkswagen in einer Kombination aus Respekt und Ärger »The Pig«.

9. Fiat Seicento (1998–2009) – die Knalltüte

Was bei einem Unfall nicht mit einem Auto passieren sollte, zeigte der Fiat-Kleinwagen Seicento noch im Jahr 2000. Während eines Standardcrashtests legte er einen Sicherheitsstandard an den Tag, wie man ihn bei 50 Jahre älteren Konstruktionen erwarten würde. Dass der Seicento seinerzeit noch nicht serienmäßig mit einem Airbag ausgestattet wurde, war dabei nur eine Randnotiz. Wesentlich schlimmer war die Tatsache, dass die Fahrgastzelle regelrecht zusammenbrach. Der Fahrerdummy krachte gegen das Lenkrad, der Beifahrer rammte mit dem Kopf die Mittelkonsole. Beim Seitenaufprall wurden außerdem Kräfte gemessen, die zu tödlichen Verletzungen führen würden.

8. Lamborghini Miura (1966–1975) – der Himmelstürmer

Gas geben, beschleunigen und bei Tempo 200 abheben. Der Lamborghini Miura konnte vieles – und auch eine Sache, die kein Mensch brauchte. Frühe Exemplare der italienischen Sportwagenlegende zeigten die fatale Tendenz, dass der Vorderwagen bei hohen Geschwindigkeiten »leicht« wurde, wie Autotester das Phänomen zurückhaltend umschrieben. Was in einem solchen Moment tatsächlich geschah, das verdeutlicht ein Zitat, das einem französischen Rennfahrer zugeschrieben wird: »Plötzlich hatte ich über das Lenkrad keinerlei Kontakt mehr zur Straße, und vor meiner Fronthaube ersetzte der blaue Himmel das graue Band der Autobahn – die Front hatte sich vom Boden abgehoben.« Denn so ein Miura P400 besaß immerhin 350 PS, die Karosserie jedoch war zwar schön, aber aerodynamisch nicht ausgefeilt und das Auto daher potenziell tödlich. Außerdem hatte man den Tank in der Fahrzeugfront montiert – leerte der sich, wurde der Miura vorne leichter und noch anfälliger.

7. Chevrolet Corvair (1960–1969) – der Ami-Schreck

Motor im Heck, US-Bürger am Lenkrad. Das passt schon prinzipiell nicht. Schließlich hat ein amerikanisches Auto traditionell einen Frontmotor. Kommt zum Heckmotor dann noch ein aus Kostengründen denkbar einfaches Fahrwerk hinzu, ist die Katastrophe vorprogrammiert. Der Chevrolet Corvair erlangte traurige Berühmtheit, weil er mit seinem unerwartet ausbrechenden Heck zum Inbegriff eines Autos mit gefährlichen Fahreigenschaften wurde. Zum Teil zu Recht, zum großen Teil handelte es sich aber auch um eine Kampagne, die durch den Verbraucherschutzanwalt Ralph Nader und sein Buch »Unsafe at any Speed« ausgelöst wurde. Die Schlagzeilen ließen die Verkaufszahlen einbrechen, auch eine neue und deutlich sicherere Hinterachskonstruktion konnte den Corvair nicht mehr retten. Wurden im ersten Baujahr 1960 noch weit mehr als 200.000 Autos verkauft, waren es am Ende im Jahr 1969 kaum mehr als 6000.

6. Suzuki Samurai (1988–2000) – der Kipper

Umkippen und abrollen: Der auch in Deutschland verkaufte Minigeländewagen Suzuki Samurai geriet vor allem in den USA in der Vergangenheit in die Kritik. Denn das Prinzip des kleinen, schmalen und hohen Autos mit relativ hoch liegendem Schwerpunkt war schon grundsätzlich ein Garant für eine gewisse Kippeligkeit. Dass tatsächlich mancher Samurai in Kurven gefährliche Überschlags- und Abrollmanöver absolvierte, kratzte stark am Ruf der Marke Suzuki in den USA – und am Leben der Insassen.

5. BMW Isetta (1955–1962) – der Tödliche

Ungeschoren davonkommen, das gibt es in der BMW Isetta nicht. Dieses Auto ist exakt so konstruiert, dass der Fahrer bei einem Unfall auf jeden Fall verletzt wird. Alles, was die Insassen bei einem Zusammenprall schützen könnte, fehlt, oder es wurde so montiert, dass es eben nicht schützt. Knautschzone? Fehlanzeige. Vor den Insassen wölbt sich allein die Tür, die sich über die gesamte Front zieht. Entweder kracht der Unfallgegner so in die Isetta, dass von den Beinen der Passagiere nicht mehr viel bleibt, oder/und die Lenksäule bohrt sich in den Fahrer und erledigt den Rest. Überlebt jemand wider Erwarten den Zusammenstoß, gibt es kein Entkommen, da die einzige Tür dermaßen zerknüllt ist, dass sie sich nicht mehr öffnen lässt.

4. Ford Pinto (1970–1980) – der Brennbare

Beim Fort Pinto lauert die Gefahr dort, wo niemand sie vermutet: unsichtbar verborgen im Heck. Dort wurde der Tank so denkbar dämlich montiert, dass er bei einem Aufprall filmreif in Flammen aufgeht. Berüchtigt wurde der Pinto aber auch dadurch, wie der Ford-Konzern mit dem Problem umging. Dort rechnete man nämlich aus, was eine verbesserte Konstruktion kosten würde und was man für etwaige Schadenersatzforderungen von Unfallopfern oder Hinterbliebenen der Todesopfer zahlen müsste. Das Ergebnis fiel deutlich aus, man ließ den Pinto, wie er war. Bis heute gibt es unterschiedliche Angaben, wie viele Menschen Feuerunfällen in einem Pinto zum Opfer fielen – mal ist von Hunderten die Rede, mal von 27 Todesopfern.

3. Chevrolet C-Serie (1973–1991) – der Explosive

Ein leicht entzündlicher Tank im Heck ist für Fahrer von Pick-ups vergleichsweise ungefährlich – schließlich sitzen sie weit vorne in einer abgeteilten Kabine, hinten gibt es nichts außer Ladefläche. Dass sich aber auch dort die Gefährdungslage durch den Kraftstofftank verschlimmern lässt, das bewies General Motors bei den Pick-ups der sogenannten C-Serie. Die Ingenieure verlegten die Tanks einfach mal unter die Fahrerkabine. Schnell gerieten diese Sidesaddle-Tanks in den Verdacht, bei einem Seitenaufprall in Flammen aufzugehen.

Wie beim Ford Pinto gehen die Schätzungen der auf diese Weise tödlich verunglückten Insassen weit auseinander – die Angaben liegen zwischen rund 150 und fast 2000 Toten.

2. Zündapp Janus (1957–1958) – der doppelt Tödliche

Der Zündapp Janus verdoppelte das Todesrisiko einer Isetta. Verfügt die Isetta nur über eine unsichere Sitzbank hinter einer nach vorn aufschwingenden Tür, gibt es im winzigen Janus eine zweite Sitzbank hinter einer zweiten nach hinten aufschwingenden Tür. Denn der Janus sah an Front und Heck nahezu gleich aus, bestand im Grunde aus zwei identischen Hälften. Die Passagiere im Fond saßen daher entgegen der Fahrtrichtung und blickten direkt auf den nachfolgenden Verkehr. Bei einem Heckaufprall drohte ihnen das Gleiche wie Fahrer und Beifahrer bei einer Frontalkollision. Zündapp Janus – eine perfekt konstruierte Todesmaschine.

1. Subaru 284 (1978–1993) – der Abwerfer

Subaru hat ein Auto entwickelt, das nicht erst bei einem Unfall gefährlich war – es entledigte sich schon vorher seiner Passagiere, indem es sie einfach abwarf. Das Modell, um das es geht, trug viele Namen: Je nach Erdteil und Land wurde dieser Subaru als 284, MV, Shifter, Targa oder auch BRAT angeboten. Dahinter verbarg sich ein kompakter Pick-up auf Basis des einstigen Subaru Leone. Und dieser Pick-up verfügte über eine Besonderheit: Hinter der Fahrerkabine fanden sich zwei weitere Sitzplätze direkt auf der Ladepritsche, natürlich ohne Sicherheitsgurte. Wie bei Subaru üblich, besaß das Modell einen Allradantrieb, der es geländetauglich machte und auch unwegsame Feldwege zügig durchfahren ließ. Was geschah, wenn dieses Auto mit zwei Passagieren im Heck flott über Bodenwellen hechtete, mag sich jeder selbst vorstellen. Bis heute gibt es keine Zahlen, wie viele Passagiere der Subaru abgeworfen hat.

Das bisherige Fazit in Sachen Mobilität lautet also: Wer leben will, der fliegt mit dem Flugzeug oder nimmt die Bahn – wer die Gefahr liebt, der nimmt das Auto. Aber wie sehen sie eigentlich aus, die letzten Sekunden im Leben eines Autofahrers?

Die Antwort lautet: Kommt drauf an. Und zwar darauf, welche Art von Auto bewegt wird. Zum Beispiel ein altes oder ein neues. Fällt die Wahl auf ein betagtes Gefährt aus der Zeit vor den unzähligen Fahrhilfen und Sicherheitseinrichtungen, hat das Innenministerium Nordrhein-Westfalen die letzte Sekunde eines Autofahrers zusammengefasst, dessen Leben an einem Baum enden wird:

1,0 Sekunde bis zum Aufprall: Die Bremsen haben blockiert. Der Fahrer wird starr vor Schreck. Es gibt kein Ausweichen mehr.

0,9 Sekunden: Mit weißen Knöcheln umklammert er das Lenkrad.

0,8 Sekunden: Noch knapp 30 cm bis zum Baum.

0,7 Sekunden: Die vordere Stoßstange und der Kühlergrill werden zermalmt.

0,6 Sekunden: Mit 80 km/h rast der Körper nach vorn, der Mensch wiegt jetzt mehr als drei Tonnen und wird mit 20-facher Schwerkraft aus dem Sitz gehoben. Beide Beine brechen am Lenkrad in Höhe der Kniegelenke.

0,5 Sekunden: Der Körper löst sich aus dem Sitz, der Rumpf ist starr aufgerichtet, die gebrochenen Kniegelenke werden gegen das Armaturenbrett gepresst. Umhüllung und Stahlfassung des Lenkrades biegen sich unter den Händen.

0,4 Sekunden: 60 Zentimeter des Autobugs sind völlig deformiert. Der Körper rast weiter mit 80 km/h; der Motor, fast eine halbe Tonne schwer, stößt in das Hindernis.

0,3 Sekunden: Die Hände, in Todesangst starr verkrallt, biegen das Lenkrad fast vertikal, die Gelenke und Unterarme brechen wie Strohhalme. Durch die andauernde Schwerkraft wird der Körper von der Lenksäule durchbohrt; Stahlsplitter dringen in den Brustkorb, reißen Löcher in die Lunge und zerfetzen die inneren Arterien. Blut dringt in die Lungenflügel ein.

0,2 Sekunden: Die Füße werden aus den Schuhen gerissen, das Bremspedal bricht ab, das Fahrgestell knickt in der Mitte ein. Der Kopf kracht gegen die Windschutzschreibe. Der Fahrer hat nicht einmal mehr Zeit zu schreien.

0,1 Sekunden: Das Auto krümmt sich, die Sitze haben sich aus der Verankerung gelöst, schnellen nach vorne und pressen den Brustkorb unbarmherzig gegen die gesplitterte Lenksäule. Blut schießt aus dem Mund; durch den Schock bleibt das Herz stehen.
0,0 Sekunden: Der Mensch ist tot.
Aber das kann ja in einem modernen Auto nicht passieren. Oder? Tatsächlich wirkt moderne Sicherheit im Auto nur dann optimal, wenn zum Beispiel der Aufprallwinkel exakt mit den bei der Entwicklung simulierten Szenarien übereinstimmt. Ist das nicht der Fall, unterscheiden sich die letzten Sekunden gar nicht so sehr von dem vermeintlichen Szenario des veralteten Autos: Ein modernes Auto mit diversen Airbags und einem angeschnallten Fahrer setzt auf der Bundesstraße zum Überholen eines Lastwagens an. Der Fahrer beschleunigt den Wagen auf Tempo 130, doch er hat die Entfernung zum Gegenverkehr falsch eingeschätzt. Instinktiv weicht er auf den Seitenstreifen aus. Dort gerät der Wagen außer Kontrolle und prallt mit der Front im Bereich des linken Scheinwerfers gegen einen Baum. In weniger als einer Sekunde kommt es nun auch hier zu einer Kette fataler Ereignisse. Durch den Aufprall dringen die Pedale in den Fußraum, der Fahrer erleidet schwere Fußverletzungen.
Doch dabei bleibt es nicht. Der Aufprall drückt den Motor mit Macht gegen die Fahrgastzelle. Dadurch schiebt sich das Armaturenbrett in Richtung Fahrer, der Airbag löst nicht mehr oder durch die verschobene Position nicht optimal aus. Der Fahrer prallt mit dem Brustkorb gegen das Lenkrad – es kommt unter anderem zu Verletzungen der Lunge. Dann schlägt durch die Wucht des Aufpralls auch noch der Kopf gegen die stabile A-Säule am Rand der Frontscheibe des Wagens. Die möglichen Folgen reichen von langfristigen Bewusstseinseinschränkungen über Epilepsie bis zum lebenslangen Dasein als Pflegefall. Alle Verletzungen zusammen stellen ein sogenanntes Polytrauma dar, die gleichzeitige Verletzung verschiedener Körperregionen.
Immerhin überlebt der Autofahrer heute solche Unfälle. Es gibt aber noch ein weiteres Fortbewegungsmittel, das alles andere in den Schatten stellt. Der Inbegriff der Gefährlichkeit, das wirklich perfekte Beispiel für eine fast unfehlbare Selbstmordmaschine: das Motorrad.

Das Risiko auf zwei motorisierten Rädern ist so hoch, dass selbst Unfallforscher manchmal nicht mehr wissen, wie sie es bemessen sollen. Die Vorsichtigen unter ihnen geben zu Protokoll, dass die Wahrscheinlichkeit eines schweren oder gar tödlichen Unfalls mit dem Motorrad viermal höher ist als beim Auto. Andere schätzen das Risiko 14-mal höher ein. Denn während an anderer Stelle moderne Technik für sinkende Todeszahlen sorgt, geht es beim Motorrad in die andere Richtung: 708 bei Unfällen im Jahr 2011 getötete Motorradfahrer entsprechen einem Zuwachs von 11,5 Prozent gegenüber dem Vorjahr. Die Unfallforschung der Versicherer (UDV) kam sogar zu dem Ergebnis, dass die Todesgefahr auf dem Motorrad nicht viermal höher ist als beim Auto, auch nicht 14.mal. Wer mit dem motorisierten Zweirad unterwegs ist, hat eine sogar 18-mal höhere Wahrscheinlichkeit als ein Autofahrer, dass sein Leben vorzeitig endet.

Raketenmänner und andere Dummköpfe

Doch es gibt auch Menschen, die sich nicht um statistische Risiken scheren und sogar Mittel und Wege finden, ein eigentlich sicheres Verkehrsmittel in eine Todesfalle zu verwandeln. So haben im Jahr 2012 gleich zwei Menschen das statistische Unfallrisiko der Berliner U-Bahn drastisch erhöht – und zwar aus purer Dummheit: Am Neujahrsmorgen sprang ein Mann auf die U-Bahn-Gleise, weil er unbedingt zwischen zwei Waggons einer stehenden Bahn pinkeln wollte. Es kam, wie es kommen musste: Die Bahn fuhr an und überrollte ihn. Im Mai des Jahres kam ein 21-Jähriger dann auf eine noch wesentlich dümmere Idee: Er machte sich einen Spaß daraus, gegen die Waggons einer anfahrenden Bahn zu springen – bis er bei einem Sprung die Lücke zwischen zwei Wagen erwischte. Dass sich zwei gänzlich unterschiedliche Fortbewegungsmittel sogar zu einer Sterbewahrscheinlichkeit von 100 Prozent kombinieren lassen, dafür wiederum steht die Geschichte eines ehemaligen Sergeants der US Air Force. Der stibitzte auf dem Luftwaffenstützpunkt eine Starthilferakete, die sonst Flugzeugen zu mehr Schubkraft verhilft, und montierte sie an sein eigenens Auto, um damit die Beschleunigung zu verbessern. Was auch funktionierte – bis er mit Tempo 450 einen Berg rammte. Man vermutet, er habe wohl vergessen, dass sich derartige Raketen nach der Zündung nicht wieder abschalten lassen.

Kapitel 5:

Arbeit & Beruf Auf der (un)sicheren Seite

Leider müssen wir auch dieses Kapitel mit einer schlechten Nachricht beginnen. Selbst wenn Sie nicht bei der US Air Force tätig sind (und sich verantwortungsvoller verhalten als der Raketenmann aus Kapitel 4), steckt Ihr Berufsleben voller Gefahren. Täglich schuften Menschen zwischen lärmenden Maschinen, auf rückenunfreundlichen Stühlen und unter despotischen Chefs, kommen abends geschafft nach Hause, sind gestresst, breiten der Partnerin oder dem Partner beim Abendessen den gesammelten Frust auf dem Tisch aus – und gehen am nächsten Morgen doch wieder zur Arbeit. Ein tödlicher Kreislauf! Denn nicht nur die Langzeitschäden der Plackerei spürt jeder ab einem bestimmten Alter am eigenen Leib – manchmal trifft einen der Schlag (oder ein herabfallender Stahlträger) aus heiterem Himmel.

Die gefährlichsten Jobs der Welt

Ein britisches Versicherungsunternehmen hat vor einigen Jahren die gefährlichsten Jobs im Land recherchiert. Dabei ging es nicht um spektakuläre Einzelfälle wie Minenräumer in Kriegsgebieten oder Polizisten in mexikanischen Grenzstädten, wo seit Jahren viele Ordnungshüter im Drogenkrieg einen gewaltsamen Tod finden. Die Versicherung hat vielmehr ganz typische Risikomerkmale einzelner Tätigkeiten nebeneinandergestellt. Die Mathematiker solcher Unternehmen müssen das wissen, denn sie bemessen die Risikoprämien – also die zu zahlenden Versicherungsbeiträge – danach. Gemäß dem Ergebnis der Gegenüberstellung sind die gefährlichsten Jobs folgende:

Fensterputzer proben täglich in schwindelerregender Höhe den Balanceakt, haben kein Sicherheitsnetz – und müssen dabei auch noch arbeiten. Ausreichend Gründe, um auf Platz eins zu landen – noch vor Soldaten, Feuerwehrleuten oder Polizisten. Am unteren Ende der Liste finden sich die Jobs mit dem vermeintlich geringsten Gefährdungspotenzial: Vikare, Apotheker, Versicherungsvertreter und Buchhalter zum Beispiel.

Drahtseilakt oder Minenfeld

Die Berufe mit dem höchsten bis zum niedrigsten Risikopotenzial

☠☠☠☠☠

- Fensterputzer
- Soldat
- Feuerwehrmann
- Hochseefischer
- Pilot
- Polizist
- Dachdecker
- Gerüstbauer
- Waldarbeiter

☠☠☠☠

- Zirkusartist
- Rettungsschwimmer
- Bauarbeiter
- Fahrradkurier
- Zimmermann
- Fabrikarbeiter
- Mechaniker
- Klempner

☠☠☠

- Krankenwagenfahrer
- Gerichtsvollzieher
- Busfahrer
- Fleischer
- Koch
- Elektriker
- Landwirt
- Krankenschwester
- Lehrer

☠☠

- Bierverkoster
- Autoverkäufer
- DJ
- Arzt
- Friseur
- Journalist
- Hausfrau
- Student
- Wissenschaftler
- Sozialarbeiter
- Politesse

☠

- Pfarrer
- Apotheker
- Versicherungsmakler
- Buchhalter
- Banker
- Beamter
- Richter
- Büroangestellter

Quelle: Churchill Life Insurance

Wer schafft's bis zur Rente?

Arbeitnehmer und Berufsunfähigkeit

	Arbeitnehmer Anzahl absolut	Arbeitnehmer, die vor der Altersrente Erwerbsminderungs-rente beziehen (in Prozent)
Gerüstbauer	16.899	52,18
Dachdecker	54.238	51,26
Bergleute	12.172	50,06
Pflasterer	9.676	41,81
Fleisch-/Wurstwarenhersteller	29.699	41,77
Estrichleger	5.647	40,57
Fliesenleger	22.797	39,98
Zimmerer	48.223	38,39
Maurer	144.313	38,37
Stukkateure/Verputzer	19.892	38,12
Sprengmeister	504	38,10
Isolierer	29.950	38,07
Bauhilfsarbeiter	145.544	37,61
Bäcker	63.821	37,59
Stauer	10.864	37,49
Krankenschwestern	661.752	37,47
Schornsteinfeger	7.708	37,38
Fleischer	51.681	37,06
Tierpfleger	21.546	36,93
Maler	126.372	36,85
Tiefbauer, sonstige	39.207	36,53
Tischler	157.985	35,83
Steinbrecher	2.390	35,71
Fischverarbeiter	4.452	35,58
Glaser	11.604	35,40

Quelle: Map-Report

Ein ganz ähnliches Bild zeigt sich in einer Auswertung der Arbeitsmarktstatistik durch das US-amerikanische Arbeitsministerium: Am höchsten sind die Todesraten in der größten Volkswirtschaft der Welt: in der Landwirtschaft und Fischerei. Hier gibt es im Vergleich zum Durchschnittsangestellten ein siebenmal so hohes Todesrisiko. Auf dem wenig rühmlichen zweiten Rang der tödlichsten Branchen liegen Jobs in Minen und Steinbrüchen sowie in der Öl- und Gasförderung – harte körperliche Arbeit, die oft im ewigen Feierabend endet. Hier ist das Risiko eines tödlichen Unfalls noch fünfmal höher.

Krank macht die Arbeit in solchen Minen auch. Schon der bloße Aufenthalt von einer Stunde in einer Kohlemine bucht einen Mikromort auf das Lebenskonto eines Arbeiters. Denn er erhöht mit jeder Minute sein Risiko, an Staublunge zu erkranken – das Todesrisiko entspricht dem von anderthalb Zigaretten. Bleibt er noch zwei Stunden länger, sammelt er aufgrund der hohen Unfallwahrscheinlichkeit einen weiteren Mikromort.

Und doch gibt es noch stärker gefährdete Berufsgruppen. Auf einzelne Jobs heruntergebrochen, zeigt die US-Statistik, dass Holzfäller, Hochseefischer, Piloten und Dachdecker am gefährlichsten leben, mit einem bis zu 40-fachen Risiko, den Feierabend nicht mehr zu erleben.

Auch in Deutschland gilt: Wer arbeitet (wie es 42 Millionen Deutsche tun), kommt nicht selten dabei um. Nach Zahlen der Deutschen Gesetzlichen Unfallversicherung starben fast 400 Menschen im Jahr 2011 bei einem Unfall in der Fabrik, im Büro, auf der Baustelle und weitere 500 auf dem Weg dorthin. Nicht immer kommen gleich die Sargträger – es kann auch der Krankenwagen sein. Die Gefahr, dass unser Beruf uns irgendwann unfähig macht, ihn auszuüben, ist hoch: Sie liegt bei 1:4. Rund 25 Prozent aller Erwerbstätigen schaffen es heute nicht mehr bis zur Rente.

Sprengmeister gelten Versicherern als besonders gefährdet, aber auch Feuerwehrleute und Polizisten. In den drei Berufen Dachdecker, Bergarbeiter und Gerüstbauer scheidet jeder Zweite vor der Rente aus dem Erwerbsleben aus. Damit ist das Risiko dieser Berufsgruppen 20-mal so hoch wie das von Büroarbeitern wie Physikern, Stadtplanern oder Mathematikern (die diese Risiken errechnen und für Empfehlungen zum Arbeitsschutz sorgen).

Aber ob Helm, Sicherheitsschuhe oder Schutzbrille – alle Vorkehrungen können häufig nicht das auf- oder abhalten, was viele Berufstätige jedes Jahr nach der Arbeit nicht mehr dieselben sein lässt. Mehr als 14.000 von ihnen tragen bei einem Unfall eine dauerhafte, schwerwiegende Beeinträchtigung davon. Die meisten schweren Verletzungen betreffen den

Wen der Schlag trifft

Diese Körperteile kommen besonders oft bei Arbeitsunfällen zu Schaden

	Minderung der Erwerbsfähigkeit			
	bis 20 %	25–45 %	50–100 %	Tod
	Anzahl	Anzahl	Anzahl	Anzahl
Kopf-, Hirnbereich	96	127	156	119
Gesichtsbereich	164	141	13	3
Hals, Wirbelsäule	525	176	87	20
Brustkorb, Rücken	46	27	8	26
Innere Organe	27	14	9	15
Schulter, Oberarm	962	308	26	0
Ellenbogen, Unterarm	869	303	35	0
Hand	779	306	38	0
Hüfte, Becken, Oberschenkel	494	172	51	21
Knie	601	77	8	2
Unterschenkel	602	257	47	4
Knöchel, Fuß	1.279	366	21	9
Gesamter Mensch	67	44	28	138
Sonst. Region/ unbestimmt	15	10	0	8
Zusammen	**6.526**	**2.328**	**527**	**365**

Quelle: Deutsche Gesetzliche Unfallversicherung (DGUV)

Kopf, auch Unfälle an Hals und Wirbelsäule setzen viele Erwerbstätige außer Gefecht.

Dabei fallen die meisten nicht vom Gerüst oder Kran, vom Regal, von der Leiter oder dem Hubwagen. Sie kommen auch nicht mit der Hand in die Kreissäge, die Schleif- oder Stanzmaschine oder erschießen sich mit der Nagelpistole. Und noch seltener sind Verletzungen durch giftige Dämpfe oder explosive Stoffe. Die meisten Arbeiter stürzen auf ebener Fläche in einer Fabrikhalle – mehr, als insgesamt auf Baustellen zu Schaden kom-

Wo gehobelt wird ...

Häufigkeit von Unfällen mit Maschinen und Werkzeugen (2011)

	Meldepflichtige Unfälle		Tödliche Unfälle	
	Anzahl	Prozent	Anzahl	Prozent
Trennschleifmaschine (handgeführt)	6.246	22,2	0	0,0
Handbohrmaschine	3.809	13,5	0	0,0
Kreissäge (handgeführt)	2.282	8,1	0	0,0
Trennmaschinen (Handkettensäge)	788	2,8	0	0,0
Sonstige Sägemaschinen	1.439	5,1	1	100,0
Schleifmaschine, Polier-, Hobelmaschine	2.462	8,8	0	0,0
Schleifsteine, -apparate für Handbetrieb	993	3,5	0	0,0
Pressluft-, Bohrhammer, Betonbrecher	474	1,7	0	0,0
Schraub-, Spann-, Bolzeneindrehmaschine	745	2,6	0	0,0
Heftmaschine, Heftpistole (pneumat. usw.)	696	2,5	0	0,0
Nagelpistole	426	1,5	0	0,0
Schlagschrauber	478	1,7	0	0,0

Quelle: Deutsche Gesetzliche Unfallversicherung (DGUV)

men. Der Fußboden ist in der Industrie also der mit Abstand fieseste Kollege. Er bringt Arbeitnehmer ins Straucheln und Rutschen, sorgt jedes Jahr für Zehntausende Prellungen und Stauchungen und Knochenbrüche. Randnotiz: Immerhin 4300 Deutsche hatten 2011 einen schweren Unfall im Betrieb, weil sie von einem Tier angegriffen oder gestoßen wurden – bei laufenden Maschinen oder an Abgründen kann das in der Tat schnell ein schlimmes Ende nehmen. Und so sind Arbeitsunfälle nach angeborenen Krankheiten und Krankheitsfolgen auch hauptverantwortlich für körperliche Behinderungen.

Harter Aufprall

Der Fußboden bricht die meisten Knochen (2011)

	Meldepflichtige Unfälle		Tödliche Unfälle	
	Anzahl	Prozent	Anzahl	Prozent
Fußboden – allgemein (o. n. Angabe)	71.893	49,9	5	50,0
Rutschige Böden infolge von Wasser (auch Regen, Schnee, Glatteis)	22.742	15,8	1	10,0
Sonstige rutschige Böden (nicht infolge Wasser), Öl, Fett u. Ä.	9.633	6,7	0	0,0
Verstellte Böden (z. B. durch kleine/große Gegenstän-de)	13.868	9,6	1	10,0
Bretter mit Nägeln	1.285	0,9	0	0,0
Sonstiges (Löcher, Bordsteine, Steinstufen usw.)	24.787	17,2	3	30,0

Quelle: Deutsche Gesetzliche Unfallversicherung (DGUV)

An einem Montag im September

Sie sitzen mit diesem Buch gerade in der U-Bahn oder im Regionalexpress auf dem Weg zur Arbeit? Passen Sie auf sich auf – vor allem, wenn heute Montag ist. »I don't like Mondays«, sangen schon Bob Geldofs Boomtown Rats im Jahr 1979 (und belegten damit einen Monat lang Platz eins der britischen Charts). Jeder kennt den Montags-Blues. Und auch das Montagsauto hat seinen Namen nicht zu Unrecht. Ob Unaufmerksamkeit, Lustlosigkeit, Müdigkeit oder was auch immer es ist: Am Montag passieren nicht nur gefühlt die meisten Fehler, sondern nachweislich auch die meisten – nämlich ein Fünftel – aller Unfälle.

Bei den Monaten mit der größten Unfallhäufung sticht übrigens der September heraus – mehr als neun Prozent aller Unfälle ereignen sich im neunten Monat des Jahres.

Müde am Montag, tot am Dienstag

Arbeitsunfälle im Betrieb (pro Jahr)

	Meldepflichtige Unfälle		Tödliche Unfälle	
	Anzahl	Prozent	Anzahl	Prozent
Montag	178.163	20,1	61	17
Dienstag	171.278	19,3	72	20,1
Mittwoch	169.631	19,1	65	18,1
Donnerstag	156.422	17,6	70	19,5
Freitag	135.031	15,2	54	15
Samstag	49.170	5,5	26	7,2
Sonntag	27.428	3,1	11	3,1
Insgesamt	**887.122**	**100**	**359**	**100**

Erstmal heile hinkommen

Unfälle auf dem Weg zur Arbeit (pro Jahr)

	Meldepflichtige Unfälle		Tödliche Unfälle	
	Anzahl	Prozent	Anzahl	Prozent
Montag	41.285	21,9	81	20,6
Dienstag	35.720	19	66	16,8
Mittwoch	34.718	18,4	73	18,5
Donnerstag	37.834	20,1	80	20,3
Freitag	27.370	14,5	62	15,7
Samstag	7.259	3,9	25	6,3
Sonntag	4.265	2,3	7	1,8
Insgesamt	**188.452**	**100**	**394**	**100**

Quelle: Deutsche Gesetzliche Unfallversicherung (DGUV)

Und nicht zuletzt sterben auf dem Weg zur Arbeit an den Montagen (nicht an den Freitagen!) auch die meisten Pendler. Es sieht also ganz so aus, als würde die Müdigkeit vom Wochenende Arbeitnehmer mehr strapazieren als die Müdigkeit durch die Arbeitswoche.

Daraus lernen wir: Die erste Herausforderung der Woche (nach dem Aufstehen) besteht darin, erst einmal heil und gesund zum Arbeitsplatz zu gelangen. Wie machen Sie das? Zwei Drittel aller Berufstätigen fahren mit dem Auto zur Arbeit – dem gefährlichsten aller Verkehrsmittel (siehe Kapitel 4). Und sie nehmen immer größere Distanzen in Kauf, um gleichzeitig eine tol-

»Chef, ich kann heute nicht kommen!«

So viele Tage fehlen wir pro Jahr

	AU-Tage je beschäftigtes Mitglied			Durchschnittsalter der beschäftigten BKK-Mitglieder		
	Gesamt	♂	♀	Gesamt	♂	♀
Land- und Forstwirtschaft	11,9	11,4	12,7	39,1	38,6	39,9
Nahrung, Genuss	16,0	15,3	16,8	40,9	41,1	40,8
Chemie	15,0	15,3	14,4	43,0	43,5	41,7
Möbel und sonstige Erzeugnisse	13,6	13,0	14,7	40,9	41,0	40,9
Abfallbeseitigung und Recycling	19,9	21,3	13,8	43,5	43,9	41,5
Baugewerbe	15,6	16,6	10,4	39,2	38,9	41,1
Handel	13,5	12,5	14,5	39,6	39,1	40,0
Verkehr	19,5	19,8	18,4	43,3	44,0	41,2
Postdienste	23,0	18,8	26,3	45,3	42,7	47,3
Gastgewerbe	13,4	10,7	15,2	36,9	35,7	37,7
Verlage und Medien	8,6	7,1	9,7	40,7	40,9	40,6
Öffentliche Verwaltung, Sozialversicherung	18,3	18,4	18,2	44,0	45,1	43,4
Erziehung und Unterricht	12,6	9,9	13,7	39,8	37,7	40,7
Gesundheits- und Sozialwesen	15,5	13,5	15,9	40,0	40,8	39,8
Kultur, Sport und Unterhaltung	13,1	12,5	13,6	40,0	39,8	40,2

Quelle: BKK-Dachverband

le Arbeit und eine schöne Wohnung zu haben. Pendeln ist heute weit verbreitet – dessen langfristige Folgen macht sich aber kaum jemand bewusst. Ein britischer Forscher fand heraus, dass Pendler oft unter größerem Stress stehen als Kampfjetpiloten oder Polizisten, die einem gewalttätigen Mob gegenüberstehen. Das Herz rast, der Blutdruck steigt – ausgelöst durch die Hilflosigkeit des Pendlers: Wer seinen Zug verpasst, kann wenig tun, um doch noch pünktlich zur Arbeit zu gelangen. Piloten oder Polizisten wis-

Rücken und Erkältung

Welche Leiden für die meisten Fehltage sorgen
(Fehltage in Millionen)

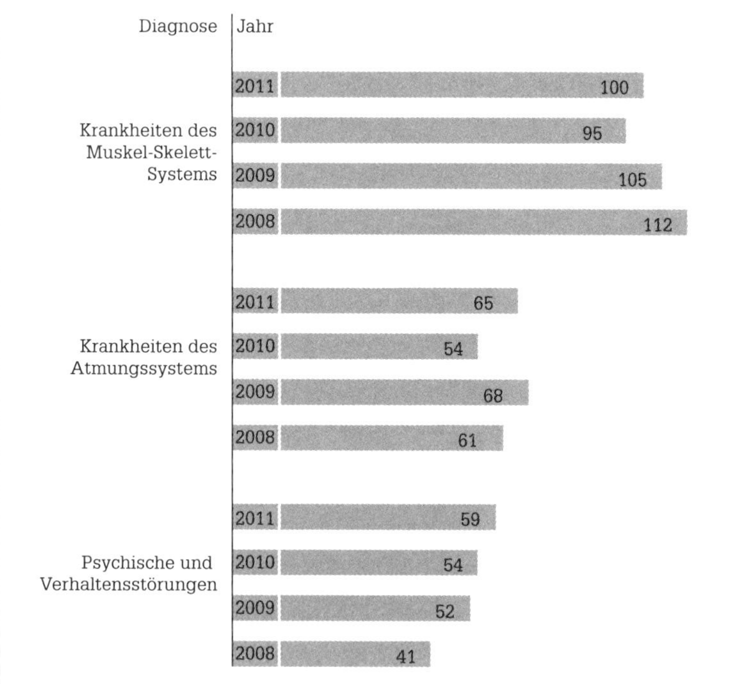

Quelle: BAUA

sen dagegen wenigstens, wie sie mit Stresssituationen umgehen müssen. Pendeln verursacht also Stress – und es macht krank. Die Studie einer Krankenkasse ergab zum Beispiel, dass Pendler, die längere Strecken zurücklegen, um 20 Prozent häufiger psychische Probleme haben und daher auf mehr Fehltage im Betrieb kommen.

Durchschnittlich elf Tage im Jahr meldet sich jeder Arbeitnehmer krank – nehmen wir an, dass jeder Monat 21 Arbeitstage und ein Beschäftigter 25 Tage Urlaub im Jahr hat, begleitet jedes morgendliche Weckerklingeln also eine Wahrscheinlichkeit von 1:21, dass man als Beschäftigter in der Arbeit fehlt. Oder einfacher gesagt: Fast jeden Monat fehlt man einen Tag. Es sei denn, man arbeitet in der Landwirtschaft oder der Fischerei – dann liegt man im Schnitt sogar 14 Tage pro Jahr flach, mithin ist das Krankheitsrisiko noch ein bisschen höher. Und doch gibt es unter den Arbeitnehmern auch zähe Exemplare: IT-Fachleute, Journalisten und andere Verlagsangestellte sowie Banker und Versicherungsmitarbeiter – sie alle fehlen nur etwa acht Tage im Jahr.

Beim Chef angerufen, zurück ins Bett oder auf die Couch geschleppt – was fehlt Ihnen denn? Mit der größten Wahrscheinlichkeit ist es nicht die Erkältung oder der grippale Infekt, der Sie aufs Bett wirft. Die meisten Fehltage gehen auf das Konto kaputter Rücken. An zweiter Stelle liegen mittlerweile psychische Ursachen: Wer erst einmal ausgebrannt ist, fehlt lange Zeit (39,7 Arbeitstage lang, das sind ganze zwei Monate).

Stress, lass nach

Hoher Arbeitsdruck und Nie-abschalten-Können sind die Gründe für einen Burn-out. Im beruflich besonders heftigen Alter von 36 bis 45 fühlen sich 80 Prozent ständig gestresst, hat eine Krankenkasse herausgefunden. Das ist die sogenannte Sandwichgeneration, die Job und Familie unter einen Hut bringen muss. Wer Kinder hat, ist, kurz gesagt, gestresst wie ein Manager, von denen ebenfalls 80 Prozent einen hohen Stresspegel angeben – in jeder Branche und egal in welchem Unternehmen. Und wovon sind wir gestresst? Private Probleme, Krankheiten, Geldsorgen, die Kinderbetreuung – finden sich auf den hinteren Plätzen. Nichts kann dagegen anstinken: Unser Beruf ist der Stressfaktor Nummer eins.

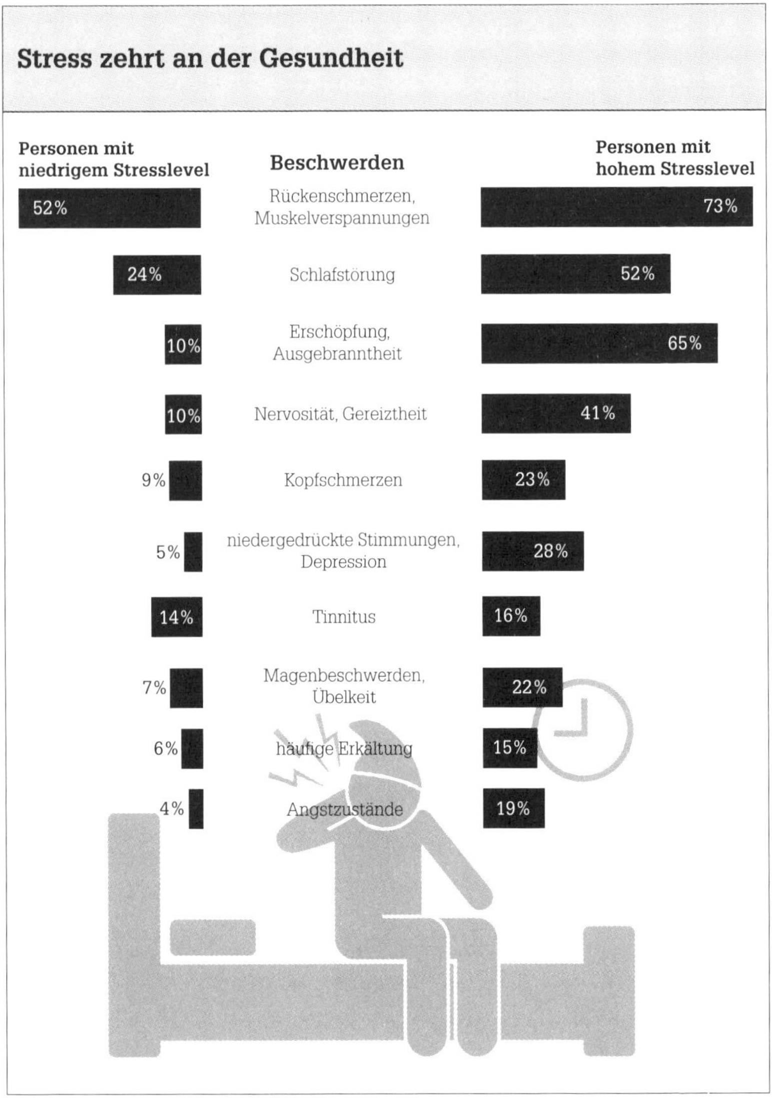

Quelle: Techniker Krankenkasse

Vielleicht sollten wir also öfter mal eine Pause einlegen. Eine schwedische Studie ergab zum Beispiel, dass Männer, die einen Monat oder mehr Elternzeit nehmen, länger leben – sie haben ein um 16 Prozent geringeres Sterblichkeitsrisiko im Vergleich zum Durchschnitt. Denn sie achten

durch die Erfahrung mit ihren Kindern langfristig besser auf ihre Gesundheit. Und überhaupt: Stress haben kann man in den Jahren danach ja noch genug. Dabei gilt: Wer besser ausgebildet ist und mehr verdient, hat auch mehr Stress – siehe die Manager. Das drückt auch auf die Gesundheit.
Laut der Umfrage haben Menschen mit einem hohen Stresslevel eine um fast die Hälfte höhere Wahrscheinlichkeit für Rückenschmerzen, haben häufiger Kopfweh und Tinnitus, fast dreimal so oft Angstzustände wie der Durchschnitt, mehr als doppelt so oft Magenschmerzen und mehr als doppelt so oft Depressionen und sie leiden mehr als 2,3-mal so oft an Erschöpfungszuständen. Oft übrigens auch noch alles gleichzeitig.
Mit einem Anteil von 21 Prozent aller von der Krankenkasse Befragten, die sagten, sie hätten in den vergangenen drei Jahren an Depressionen, Erschöpfung oder Angstzuständen gelitten, liegt das Burn-out-Risiko bei 1:5. Fragt man nur die Berufstätigen, dürfte der Anteil wohl noch höher sein. Und doch legen wir für die Karriere immer noch eine Schippe drauf, wohlwissend um die negativen Auswirkungen. Dabei ist sogar erwiesen: Überstunden machen dumm. Schwedische Forscher fanden heraus, dass Vielarbeiter auf lange Sicht über ein geringeres Vokabular verfügen und Einbußen beim Denkvermögen haben. Und wofür das alles? Für ein Durchschnittsgehalt von etwa 46.500 Euro im Jahr.

Die Unglücksformel

Und doch gibt es Gründe jenseits von Geld, dass wir jeden Tag anpacken, als gäbe es kein Morgen. Denn es lohnt sich, sein Bestes zu geben. Dreimal so hoch ist das durchschnittliche Gehalt einer Führungskraft im Vergleich zu einem ungelernten Arbeiter. Wer einen Job hat, ist mit seinem Leben um 24 Prozent zufriedener als der, der keinen hat. Und Arbeitslose sind mehr als doppelt so lange krank wie Berufstätige. Möglicherweise gibt es da einen Zusammenhang: Wer Geld hat, kann sich sein Dasein auf Erden wenigstens so gestalten, wie er mag.
Also Augen auf bei der Berufswahl – nicht nur, weil angeblich ein Drittel der Deutschen rückblickend lieber einen anderen Beruf gewählt hätte, ein Viertel sowieso schon innerlich gekündigt hat und mehr als 60 Prozent Dienst nach Vorschrift schieben. Es geht nicht nur um Glück und Zufrie-

denheit und darum, wer die Entscheidungen trifft – auch die Branche macht bereits oft den Unterschied. In Banken und Versicherungen verdienen die Beschäftigen im Schnitt am meisten.

Reiche werden älter

Prozent des Durchschnitts-einkommens	Lebenserwartung in Jahren	
<60%	70,1 Jahre	76,9 Jahre
60–<80%	73,4 Jahre	81,9 Jahre
80–<100%	76,2 Jahre	82,0 Jahre
100–<160%	77,2 Jahre	84,4 Jahre
≥160%	80,9 Jahre	86,3 Jahre
Insgesamt	75,3 Jahre	81,3 Jahre

Quelle: Destatis/Statistisches Bundesamt

Erinnern Sie sich noch an den Anfang dieses Kapitels? Arbeit tötet, haben wir dort dargelegt. Und doch gibt es auch eine Kehrseite der Medaille: Nicht zu arbeiten tötet auch! Denn langfristig zahlt es sich nicht nur beim Gehalt aus, einen guten Job zu machen – es verhilft auch zu einem langen Leben. Männer und Frauen, deren Einkommen unterhalb der Armutsrisikogrenze liegt, haben im Verhältnis zur hohen Einkommensgruppe ein 2,7- beziehungsweise 2,4-fach erhöhtes Mortalitätsrisiko. Die mittlere Lebenserwartung von Männern der niedrigen Einkommensgruppe liegt fast elf Jahre unter der von Männern der hohen Einkommensgruppe. Bei Frauen liegen acht Jahre dazwischen. Glücklich ist also, wer viel Geld verdient – und er wird älter.

Auf der Schattenseite davon leben die Armen und Kranken. Arm, das sind, statistisch betrachtet, alle, die 980 Euro im Monat oder weniger zur Verfügung haben. Nach dieser Berechnung sind sieben von zehn Arbeitslosen arm. Die Wahrscheinlichkeit, dass Sie arbeitslos sind, ist in Berlin zum

Beispiel doppelt so hoch wie in München oder Frankfurt; ohne Schulabschluss sind Sie mit einer Wahrscheinlichkeit von 1:5 ohne Job, während die Quote bei Absolventen einer dualen Ausbildung bei fünf Prozent, bei Akademikern sogar nur halb so hoch liegt.

Weniger Bildung = mehr Schmerzen

Also ziehen Sie das Studium durch! Ein guter und zufriedenstellender Job ist auch Ausdruck von Bildung – wer sie nicht hat, begibt sich in Gefahr. Männer mit niedriger Bildung haben ein 3,9-mal so hohes Risiko, chro-

Abitur hält fit

Einschränkungen durch Krankheit nach Alter und Bildung (in Prozent)

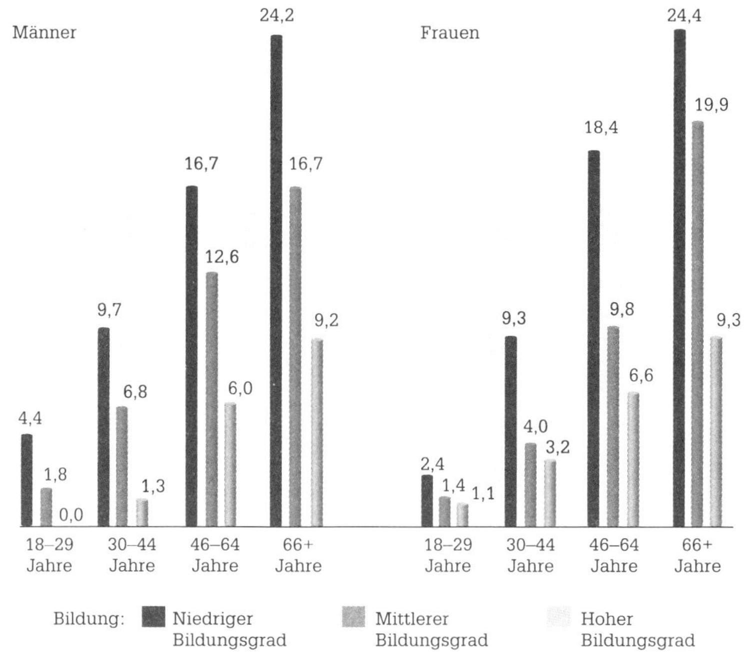

Quelle: Destatis/Statistisches Bundesamt

nisch zu erkranken. Bei den Frauen ist das Risiko 2,7-fach erhöht. Das bedeutet Schmerzen, Einschränkungen im Alltag und anhaltende gesundheitliche Probleme.

Höhere Bildung, weniger Schmerzen

Menschen mit starken Schmerzen nach Alter und Bildung (in Prozent)

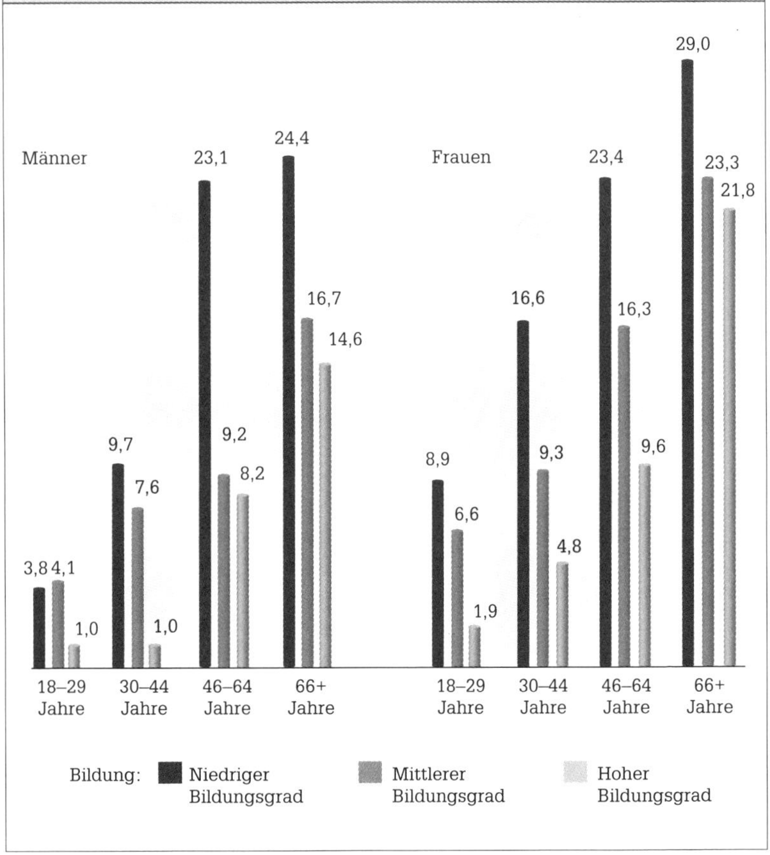

Quelle: Destatis/Statistisches Bundesamt

Wägen Sie noch ab, ob sich die Plackerei nun lohnt oder nicht? Ein kleiner Trost: Irgendwann hat zum Glück alles einmal ein Ende. Im Fall der Arbeit markiert diesen Punkt die Rente. Mit 63,8 Jahren (Männer, 63,2 Frauen) ist es derzeit, statistisch betrachtet, so weit. Aber wenn Sie ab und zu Zeitung lesen, wissen Sie ja: Sie müssen da mit großer Wahrscheinlichkeit noch ein paar Jährchen draufrechnen.

Kapitel 6:

Familie & Nestbau Ein (Alb)Traum wird wahr

Wie süß sind gegen all die Schufterei die Verlockungen der Liebe. Und doch steckt sie voller Unwägbarkeiten. Nicht nur die uferlose Zahl romantischer Beziehungskomödien beweist: Bis Amor seine Pfeile gespitzt hat, bis aus zwei einsamen Herzen ein »Wir« oder aus einer zufälligen Begegnung Liebe wird, kann viel passieren. Manche brauchen zig Anläufe, wie die Figur der Maggie Carpenter im Hollywoodfilm »Die Braut, die sich nicht traut« beweist. Die Geschichte von der Frau (Julia Roberts), die jedes Mal kalte Füße auf dem Weg zum Altar bekommt und bereits drei Männer im letzten Moment stehen gelassen hat, bevor sie den Journalisten Ike Graham (Richard Gere) trifft, sorgte 1999 für viele Lacher. Carrie Bradshaw und Mr Big dateten, flirteten, liebten, balzten und trennten sich sechs komplette Staffeln »Sex and the City« lang, bis sie endlich und endgültig zueinandergefunden hatten. Die Liebe ist also schon in ihrer Entstehung bedroht. Aber wenn sich zwei dazu entschieden haben, sie zu teilen, wird es nicht leichter – eher im Gegenteil.

»Bis dass der Tod, äh, ich mich von dir scheiden lasse ...« So müsste es wohl heute heißen. Denn Gevatter Tod hat beim Beenden von Ehen immer weniger mitzureden. Eine zunehmend größere Bedrohung für die Zweisamkeit stellt die eigene bessere Hälfte dar. Wenn der Partner oder die Partnerin über den Tellerrand der festgefahrenen Ehe hinausblickt und denkt: »Auch andere Mütter haben attraktive Söhne und hübsche Töchter ...« – dann ist die Suche in den Gelben Seiten nach »Scheidungsanwalt« nicht mehr weit. Männer mögen dem weiblichen Volksmund nach vielleicht besser gucken als denken können, die Mehrzahl der Scheidungen (52 Prozent) wird aber von Frauen eingereicht.

Der Trend zur Trennung wird schon seit Langem immer verbreiteter. Seit den 1960er-Jahren hat sich die Scheidungshäufigkeit verdoppelt. Damals reichte in jedem sechsten Fall Er oder Sie die Scheidung ein – heute, nach Daten des Statistischen Bundesamtes für 2012, wird jede dritte Ehe auf Antrag, also vorzeitig, geschieden. Den restlichen zwei Dritteln schneidet der

Sensenmann das Band der Ehe durch. In mindestens zwei Dritteln der Fälle können Sie also immerhin nichts dafür, wenn es vorbei ist – in einem Drittel aber eben doch. Manchmal treten Sensenmann und Ehepartner sogar in Personalunion auf. Aber dazu später mehr – wenn Sie es denn erleben.

Das verflixte sechste Jahr

Die Scheidung kommt oft schneller, als der Volksmund denkt. Denn das berühmte verflixte siebte Jahr ist nichts als ein Märchen. Die Fakten zeigen: Der Ehe geht es oft schneller an den Kragen als gedacht. Die meisten Ehen enden bereits im fünften und sechsten Jahr ihres Bestehens und waren in Wirklichkeit schon viel früher zum Scheitern bzw. Scheiden verurteilt. Denn weil bei den meisten Paaren mit dem obligatorischen Trennungsjahr noch einige Zeit zwischen Trennungsentschluss und juristischer Ent-Bindung ins Land geht, knallt es bei diesen wohl schon im vierten oder fünften Ehejahr.

Aufgepasst, wenn Sie auf die 40 zugehen! Männer sind zum Zeitpunkt der Scheidung im Schnitt 45,5 Jahre alt, Frauen 42,5. Immerhin: Die durchschnittliche Ehe bringt es auf 14 Jahre und sieben Monate. Das ist mehr als noch vor zwanzig Jahren: 1992 war die Durchschnittsehe schon nach 11,5 Jahren zu Ende. Aber das kann nicht darüber hinwegtäuschen: »Bis dass der Tod euch scheidet …« verkommt immer mehr zur Floskel.

»Drum prüfe, wer sich ewig bindet, ob sich nicht noch was Besseres findet« – noch so eine Weisheit des Volksmundes. Und hier hat er sogar recht. Denn mit Blick auf die Statistik lässt sich durchaus etwas drehen an der Ehefestigkeit. Protestanten lassen sich häufiger scheiden als Katholiken. Scheidungskinder lassen sich häufiger scheiden als Nichtscheidungskinder. Und wenn die Frau nicht berufstätig ist, ist die Gefahr einer Scheidung geringer, als wenn beide Partner arbeiten gehen. Ganz davon zu schweigen, dass das Risiko einer Scheidung deutlich steigt, wenn die Frau mehr verdient als der Mann – wahres Gift für die Ehe.

»Vermögender, berufstätiger Er sucht katholische Sie aus behütetem Elternhaus. Hausfrau mit geringem Einkommen erwünscht.« Das klingt in Ihren Ohren vielleicht nicht nach der großen Liebe, aber welche Statistik kommt schon in rosaroten Herzchen daher?

Im siebten Jahr ist es oft längst vorbei

		Im Jahr 2012 geschiedene Ehen nach Eheschließungsjahr	Eheschließungen von 1985–2012	Ehescheidungen je 1000 in den angegebenen Jahren geschlossene Ehen
Eheschließungsjahr	Ehejahr			
2012	0	26	387.423	0,1
2011	1	1.151	377.816	3,0
2010	2	5794	382.047	15,2
2009	3	7.366	378.439	19,5
2008	4	7.080	377.055	18,8
2007	5	8.979	368.922	24,3
2006	6	9.686	373.681	25,9
2005	7	9.366	388.451	24,1
2004	8	9.121	395.992	23,0
2003	9	8.290	382.911	21,6
2002	10	7.788	391.963	19,9
2001	11	6.960	389.591	17,9
2000	12	6.964	418.550	16,6
1999	13	6.672	430.674	15,5
1998	14	5.968	417.420	14,3
1997	15	5.801	422.776	13,7
1996	16	5.509	427.297	12,9
1995	17	5.384	430.534	12,5
1994	18	5.065	440.244	11,5
1993	19	4.850	442.605	11,0
1992	20	4.812	453.428	10,6
1991	21	4.494	454.291	9,9
1990	22	4.788	516.388	9,3

Quelle: Destatis/Statistisches Bundesamt

Und wer schon häufiger über Paarkonstellationen von erfolgreichem Geschäftsmann, Profifußballer oder Rockstar und blonden, jungen Dummchen an ihrer Seite gefrotzelt hat: Statistisch betrachtet, ist dieses Gespann eine solide Verbindung, weitaus mehr als manches intellektuelle Dream-Team.

Ab 40 wird es kritisch

Scheidungen nach dem Alter der Ehepartner

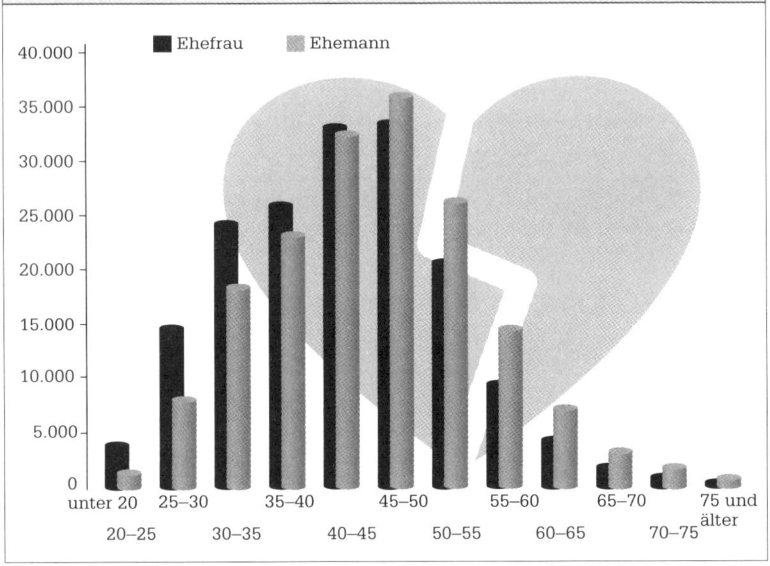

Quelle: Destatis/Statistisches Bundesamt

Vielleicht würde uns allen ein wenig mehr Zufriedenheit mit dem, was wir haben, guttun. Denn der Liebe lauern noch zahlreiche weitere Bedrohungen auf: ein zu großer oder zu kleiner Altersunterschied etwa. Besonders niedrig ist die Scheidungswahrscheinlichkeit zum Beispiel dann, wenn der Mann zwei bis vier Jahre älter ist als die Frau. Die Hormone helfen hier offenbar von ganz alleine nach: Der durchschnittliche Altersunterschied in einer Partnerschaft beläuft sich in Deutschland auf rund vier Jahre. In der Ehe ist er mit 3,9 Jahren etwas niedriger, in nichtehelichen Partnerschaften mit 4,5 Jahren höher. Und in 73 Prozent der Partnerschaften ist der Mann älter.

Eine gute Nachricht: Es gibt Kitt, der das Risiko einer Scheidung mindert und Paare zusammenhält oder zumindest davon abhält, zum Scheidungsrichter zu gehen. So werden weniger Ehen mit gemeinsamem Wohneigentum geschieden, und auch gemeinsame Kinder schweißen Paare – ehestatistisch – aneinander. Kinderlose dagegen haben das höchste Scheidungsrisiko. Und so ist oft etwas Wahres dran, wenn die Nachbarn

tuscheln: »Die sind doch nur noch wegen der Kinder zusammen.« Viele Paare sind es wirklich, allerdings nur, bis der Nachwuchs auf eigenen Beinen steht. Denn ein langfristig verlässliches Wundermittel für eine stabile Ehe sind Kinder auch nicht: Je älter sie sind, desto weniger stärken sie das Band zwischen den Eheleuten. Also: Mit dem Alter der Kinder steigt auch die Scheidungswahrscheinlichkeit.
Und als würden Ehedauer, Gewöhnung, Kinder, Geld und andere Probleme nicht schon reichen, um einer Ehe den Dolchstoß zu versetzen, ziehen an jeder Ecke weitere Gefahren auf – und das nicht nur in Form von amourösen Abenteuern mit Tennistrainern, Postboten oder tief dekolletierten Sekretärinnen. Die Beziehungskiller sind vielfältig. Distanz zum Beispiel. Und damit ist nicht nur die emotionale oder kommunikative gemeint. Auch die örtliche spielt eine Rolle! Ein Viertel der Paare in einer »Distanzbeziehung« lebt 100 bis 200 Kilometer voneinander entfernt, bei einem Fünftel sind es schon 200 bis 300 Kilometer. Und wer 370 Kilometer Auto fährt, fügt seinem Leben einen Mikromort zu – er verkürzt es also um die Zeit, um die auch der Genuss einer halben Flasche Wein es verkürzt. Wie das? Der Freitag, an dem Paare in Distanzbeziehungen dieselbe typischerweise zum Wochenende hin überwinden, ist im Straßenverkehr der unfallträchtigste Wochentag mit einem Fünftel mehr Unfalltoten als an den anderen Wochentagen.
Dann wäre da der Feind im eigenen Bett – oder eben »Das Schnarchen meines Mannes«. Ein Tag hat 1440 Minuten, davon verbringt der Durchschnittsdeutsche 424 schlafend. Wenn man oder frau es denn kann. Wer sich 100-mal von links nach rechts gewälzt, lauwarme Milch getrunken, das Lieblingsbuch zum x-ten Mal gelesen und Schafe gezählt hat, während nur eine Handbreit entfernt Wälder zersägt werden, der hat seinen Partner in Gedanken schon mit dem zerwühlten Kopfkissen in die ewige Ruhe oder zumindest auf das Wohnzimmersofa geschickt. Schnarchen ist in jeder neunten Beziehung der Nerv- und Ehetöter.

1016 Minuten, um sich an die Gurgel zu gehen

Zieht man die Schlafenszeit ab, bleiben – zumindest an arbeitsfreien Tagen – noch 1016 Minuten, um sich in der Partnerschaft ordentlich zu fetzen oder sich auf anderem Wege voneinander zu entfernen. 222 Minuten pro Tag sieht ein Deutscher zum Beispiel Fernsehen – ein gern bemühtes Bild für Sprachlosigkeit in einer Beziehung. Und die Glotze hat neuerdings noch einen Nebenbuhler, der in der Partnerschaft um die Aufmerksamkeit der Liebenden ringt: das Smartphone. Laut einer Befragung ist ein Viertel eifersüchtiger auf das Smartphone des Partners als auf einen möglichen Liebhaber. Also Smartphone verbannen, Fernseher aus, alles gut? Leider nein.

Selbst wenn Ehepartner miteinander sprechen, muss das nicht den Ehefrieden fördern: Studien gehen davon aus, dass der Mensch mehr als 200-mal am Tag lügt.

Vier Stunden in die Röhre gucken

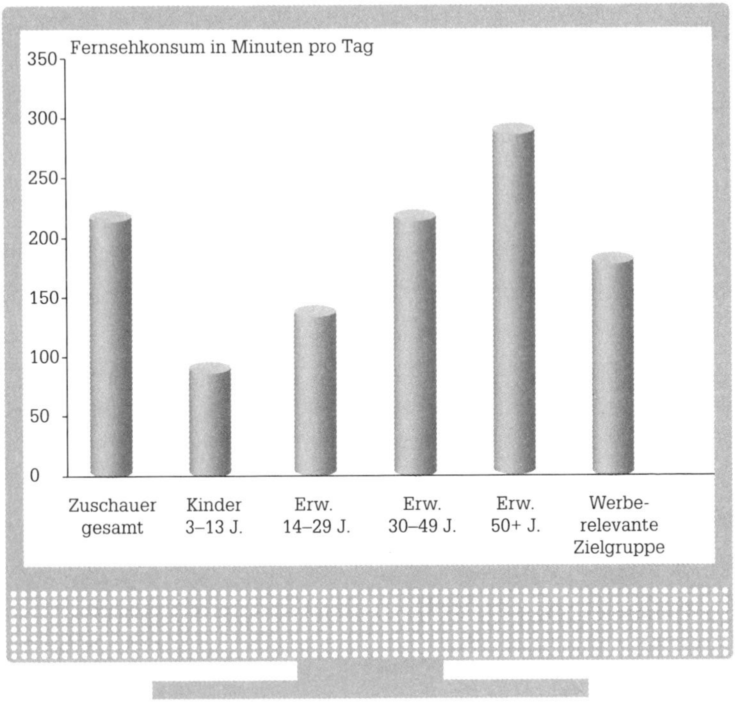

Quelle: AGF

Was kann, will und soll man da noch glauben? Man kommt aber auch nicht umhin zuzugeben, dass manch eine Lüge die Ehe auch rettet. »Schatz, wie war ich?« – »Och, wie immer. Als ich überlegt habe, ob wir noch frische Milch haben, warst du schon fertig.« Oder: »Na, wie sehe ich in dem Kleid aus?« – »Mit zehn Kilo weniger und den Beinen von Heidi Klum bestimmt ganz gut.« Solche Wahrheiten retten die bedrohte Lebensform der Ehe mit Sicherheit nicht.

Ob Frauen auch dann lügen, wenn das Meinungsforschungsinstitut anruft? Männer würden heftig nickend zustimmen und behaupten, dass folgende Statistiken schon aus diesem Grund nicht stimmen können. Ihnen zufolge ist in zwei Dritteln aller Partnerschaften auch heute, im Zeitalter der Gleichberechtigung, die Frau fürs Aufräumen, Putzen und Kochen zuständig.

Eine Langzeitstudie der Uni München, für die Paare regelmäßig unter anderem zu den Nervfaktoren in der Beziehung befragt werden, hat ergeben, dass Paare am häufigsten über die Freizeitgestaltung, die Aufteilung der Hausarbeit und die Kinderbetreuung, die Finanzen, das Engagement im

Schatz, ich hasse dich!

Jeder fünfte Mord geschieht in der Partnerschaft

		Partnerschaften insges.	Ehepartner	eing. Lebenspartnerschaften	nichteheliche Partnerschaften	ehemalige Partner
Straftaten insgesamt	vollendet	13,6	4,6	0,1	4,0	5,0
	versucht	7,9	3,1	0,0	2,2	2,6
Mord und Totschlag	vollendet	21,6	14,5	0,2	4,2	2,8
	versucht	15,5	7,7	0,0	3,9	3,9
Sexualstraftaten	vollendet	18,2	6,8	0,1	5,0	6,4
	versucht	13,2	5,4	0,0	2,9	4,8
Raub	vollendet	1,7	0,3	0,0	0,4	1,0
	versucht	1,4	0,3	0,0	0,3	0,8
Körperverletzung	vollendet	15,2	5,6	0,1	5,4	4,1
	versucht	8,7	3,6	0,1	2,7	2,4
Freiheitsberaubung	vollendet	15,9	4,0	0,1	2,3	9,6
	versucht	10,6	2,9	0,1	1,4	6,2

Quelle: BKA

Beruf, den Umgang miteinander und die Kindererziehung streiten. Letzteres steht dabei an Nummer eins.

Laut einer anderen Studie nerven Partner am anderen vor allem herumliegende Kleidungsstücke und der Autofahrstil, und zwar doppelt so sehr wie

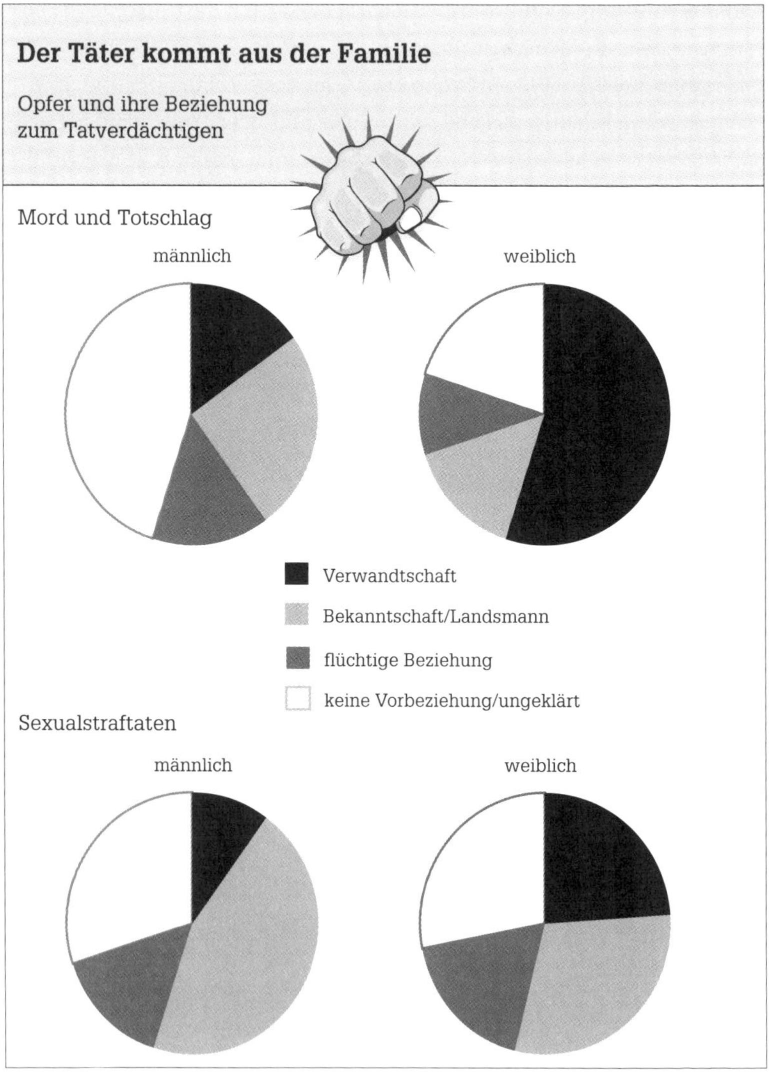

Quelle: BKA

zu hohe Sauberkeitsansprüche. Und doch … Wenn es nach einer US-Studie geht, sind weder Sex noch Kinder oder die Schwiegereltern die größte Bedrohung für eine Ehe. Hauptscheidungsgrund sei der Streit ums Geld – er führe zur größten Unzufriedenheit in der Beziehung, egal, ob genug davon da ist oder nicht. So sagen Frauen, dass Streit über Geld für sie mit mehr als doppelt so hoher Wahrscheinlichkeit ein Scheidungsgrund ist wie zu wenig gemeinsam verbrachte Zeit und mit etwa anderthalb Mal so hoher Wahrscheinlichkeit wie ein Ungleichgewicht bei der Hausarbeit. Mündet also etwa alles in der Frage: Sollen wir jetzt eine Putzfrau anheuern oder nicht?

Ist man von solchen alltäglichen Reibereien mit dem Partner erst einmal so richtig genervt, treibt das manchen in die Arme eines oder einer anderen. Der Seitensprung ist häufig der Anfang vom Ende einer Beziehung. Hier heißt es: Saarländer, aufgepasst! In ihrem Bundesland wird am meisten fremdgegangen, hat die Befragung eines Seitensprungportals ergeben – doppelt so oft wie in Hessen und mehr als ein Drittel häufiger als in der Partyhauptstadt Berlin. Und wehe dem Treulosen, der beim Fremdgehen auffliegt. Denn es gibt eine nicht so geringe Wahrscheinlichkeit, dass Anöden, emotionale Distanzierung und Untreue eines Tages in Gewalt oder blanken Hass übergehen. Von den angezeigten Vergewaltigungsfällen wurden zuletzt 17 Prozent in der Partnerschaft verübt. Mehr als ein Fünftel aller Morde geht in Deutschland auf das Konto des (Ehe-)Partners. Und während es selten die Frauen sind, die gegen ihre Männer tätlich werden, geht fast jeder zweite Frauenmord in Deutschland auf das Konto des Partners oder Expartners. Aber, hey, auch bei »Romeo und Julia« sind am Ende beide tot.

Unglücklich kann man fast überall sein

Sie lesen ja immer noch! Dazu unseren herzlichsten Glückwunsch. Wahrscheinlich kommen Sie aus dem Kreis Siegen-Wittgenstein. Dann passiert Ihnen in diesem Leben (mit großer Wahrscheinlichkeit) auch nicht mehr viel. Aber alle anderen, die sollten ihren Wohnsitz noch mal überprüfen.

Schauen wir zunächst einmal auf den Durchschnittsdeutschen: Ein privater Haushalt hat im Schnitt ein jährliches Bruttoeinkommen von 46.450

Euro und gibt 2252 Euro im Monat für Konsum aus. Seine Bewohner leben auf knapp 92 Quadratmetern, und am allerdurchschnittlichsten, hat das Prognos-Institut analysiert, lebt es sich im Kreis Siegen-Wittgenstein in Nordrhein-Westfalen. Ob Arbeitslosigkeit oder Geburtenrate, Wirtschaftskraft oder die Zahl der Schulabbrüche – Siegen-Wittgenstein liegt in der

Ganz schön eng in der Stadt!

Bevölkerungsdichte nach Bundesland

	Fläche in 1.000 km²	Bevölkerung			Einwohner/innen je km²/Land
		insgesamt	Männer	Frauen	
		in 1.000			
Baden-Württemberg	35,8	10.786	5.320	5.466	302
Bayern	70,6	12.596	6.200	6.396	179
Berlin	0,9	3.502	1.718	1.784	3.927
Brandenburg	29,5	2.496	1.237	1259	85
Bremen	0,4	661	323	339	1.577
Hamburg	0,8	1.799	881	918	2.382
Hessen	21,1	6.092	2.994	3.098	289
Mecklenburg-Vorpommern	23,2	1.635	809	826	70
Niedersachsen	47,6	7.914	3.896	4.018	166
Nordrhein-Westfalen	34,1	17.842	8.718	9.124	523
Rheinland-Pfalz	19,9	3.999	1.967	2.032	201
Saarland	2,6	1.013	494	520	394
Sachsen	18,4	4.137	2 028	2.109	225
Sachsen-Anhalt	20,5	2.313	1.134	1.179	113
Schleswig-Holstein	15,8	2.838	1.392	1.446	180
Thüringen	16,2	2.221	1.097	1.124	137
Deutschland	**357,1**	**81.844**	**40.207**	**41.637**	**229**

Quelle: Destatis/Statistisches Bundesamt

Mitte. Vielleicht gefällt Ihnen das, vielleicht auch nicht. Oder vielleicht haben Sie gar keine Wahl? Eines sollten Sie wissen: Im Landkreis Prignitz in Brandenburg sind die Chancen auf eine wirtschaftlich stabile Zukunft am schlechtesten. Überhaupt liegen gleich 27 der 30 Landkreise mit den größten »Zukunftsrisiken« in den neuen Bundesländern. Und so ist auch die Wahrscheinlichkeit, dass Sie besonders unglücklich sind, dann besonders groß, wenn Sie in Sachsen-Anhalt oder Brandenburg leben, hat das Regionenranking »Glücksatlas« der Deutschen Post ergeben. Am glücklichsten sind die Menschen demnach in Schleswig-Holstein und Hamburg. Und sie sind es vor allem in der großen Stadt, wie eine weitere Studie nahelegt: In den Städten wurden die Bundesbürger befragt, wie zufrieden sie mit ihrer Wohnumgebung sind. Auf Platz eins landete Leipzig, gefolgt von Köln, München und Hannover. Dortmund, Berlin, Bremen, Essen, Hamburg und Frankfurt komplettieren die ersten zehn Plätze im Ranking.

Die gefährlichsten Städte Deutschlands

Kriminalität in Städten ab 200.000 Einwohner
Fälle pro 100.000 Einwohner

Die meisten Vorkommen		Die niedrigsten Vorkommen	
Frankfurt am Main	16.310	München	7.153
Düsseldorf	14.966	Augsburg	8.156
Köln	14.590	Wiesbaden	8.288
Berlin	14.144	Bielefeld	8.323
Dortmund	13.917	Nürnberg	8.622

Quelle: BKA/Polizeiliche Kriminalstatistik

Spannend und vielfältig ist das Leben in der Großstadt – nur dummerweise sind sie auch die Zentren der Kriminalität. Dabei gilt, Sie ahnen es schon: je größer, desto schlimmer. Wer in einer Großstadt ab einer Größe von 500.000 Einwohnern lebt, wird um ein Drittel wahrscheinlicher Opfer einer Straftat als der, der in einer Stadt der Größe von 100.000 bis

500.000 Einwohnern lebt. Im Vergleich zu kleinen Gemeinden von unter 20.000 Einwohnern haben Großstadtbewohner sogar ein dreimal so hohes Kriminalitätsrisiko.

Die Polizeiliche Kriminalstatistik des Bundeskriminalamtes zeigt, in welchen Städten und Bundesländern es sich am gefährlichsten lebt. Dabei liegt Frankfurt am Main mit mehr als 16.000 Straftaten auf 100.000 Einwohner an der unrühmlichen Spitze, gefolgt von Düsseldorf, Köln, Berlin und Dortmund. Am sichersten ist es in vielen Städten Bayerns: Im Freistaat ist die Zahl der Straftaten pro Einwohner am geringsten in der ganzen Republik, und die Aufklärungsquote ist hoch. Tu felix Bavaria!

Und doch – Bayern hat so einige statistische Tiefpunkte, was Leib und Leben angeht. Jahrelang war die Suizidrate hier von allen Bundesländern am höchsten. Doch dann gab es 2012, gemessen an der Einwohnerzahl, mehr

Bayern hat die meisten Drogentoten

Sterbefälle je 100.000 Einwohner

	1998	2003	2008	2009	2010	2011	2012
Deutschland	3,49	2,96	2,89	2,84	2,66	2,17	2,10
Baden-Württemberg	4,59	3,31	2,72	2,22	2,74	2,51	2,56
Bayern	5,36	4,13	4,68	5,33	5,17	3,57	4,00
Berlin	6,45	6,99	4,41	4,45	3,76	2,87	1,62
Brandenburg	0,32	1,05	1,53	1,17	0,46	0,31	0,48
Bremen	10,77	12,33	7,62	8,67	4,86	3,42	2,93
Hamburg	10,30	3,01	3,07	2,60	2,62	2,13	1,78
Hessen	4,12	3,53	2,94	3,65	3,58	2,64	2,02
Mecklenburg-Vorpommern	0,45	0,34	1,83	0,64	1,11	0,92	0,94
Niedersachsen	3,11	1,98	2,21	2,04	1,28	1,20	0,85
Nordrhein-Westfalen	2,82	2,91	2,78	2,53	2,22	1,88	1,94
Rheinland-Pfalz	2,82	2,01	2,59	2,82	1,13	2,28	1,85
Saarland	1,39	4,28	3,74	1,74	3,53	2,50	1,79
Sachsen	0,45	0,99	0,97	1,01	1,56	1,34	0,72
Sachsen-Anhalt	0,11	0,73	0,88	1,08	0,64	1,00	2,40
Schleswig-Holstein	2,63	1,78	1,83	1,12	2,03	1,03	1,80
Thüringen	0,46	0,88	1,64	1,25	1,13	1,17	0,69

Quelle: Destatis/Statistisches Bundesamt

Selbstmorde in Thüringen (12,8 Fälle je 100.000 Einwohner), Sachsen (12,6) und Sachsen-Anhalt (12,4). Bayern landete 2012 auf Platz vier mit der Ziffer 12,2. Interessanterweise liegen all diese Bundesländer um die Hälfte höher als Schlusslicht Berlin (8,4). Insgesamt ist ein Prozent der Todesfälle in Deutschland selbst herbeigeführt. Jeder Hundertste bringt sich selbst um, dabei Männer dreimal so oft wie Frauen.

Auch die meisten drogenbedingten Todesfälle gibt es in Bayern. Auf 100.000 Einwohner starben 2012 vier Menschen an illegalen Substanzen. Die Menschen in Bayern haben damit zum Beispiel ein doppelt so hohes Risiko in dieser Angelegenheit wie der deutschlandweite Schnitt (der bei 2,1 liegt), in dem Hessen (2,02) und Schleswig-Holstein (1,80) in etwa anzutreffen sind. Sicher ist es in Brandenburg: Hier starben 0,48 Personen auf 100.000 Einwohner an Drogen.

Überhaupt ist beschaulich oft gesünder: Wer an einer lauten Straße wohnt, hat ein um 20 bis 30 Prozent höheres Herzinfarktrisiko. Jedes Jahr werden in Deutschland 4000 Herzinfarkte durch Straßenverkehrslärm verursacht – davon geht das Umweltbundesamt aus. Auch im Umfeld von Flug-

Von Naturkatastrophen meistbedrohte Städte

	Anzahl der potenziell betroffenen Personen (in Mio)
Tokio Yokohama (JPN)	57,1
Manila (PHL)	34,6
Pearl-River-Delta (CHN)	34,6
Osaka-Koba (JPN)	32,1
Jakarta (IND)	27,7
Nagoya (JPN)	22,9
Kalkutta (IND)	17,9
Schanghai (CHN)	16,7
Los Angeles (USA)	16,4
Teheran (IRN)	16,4

Quelle: Swiss Re

häfen lebt es sich gefährlich, wie mehrere Studien nahelegen. Die Forscher vermuten, dass es einen Zusammenhang zwischen Fluglärm sowie Krankenhauseinlieferungen aufgrund von Herzinfarkt oder Schlaganfall gibt.
Sie wollen Platz und Luft zum Atmen? Dann ziehen Sie bloß nicht nach Paris. In der Stadt der Liebe ist es so eng wie nirgends sonst in Europa. Hier ist die Zahl der Einwohner pro Quadratmeter am höchsten: Mit mehr als 21.000 ist die Zahl fast zehnmal so hoch wie in Hamburg (2382) und etwa siebenmal so hoch wie in Berlin (3927) – ganz schön drängelig.
Seien Sie froh, wenn Sie in Deutschland wohnen. Hier ist die Gefahr von Erdbeben, Taifunen oder anderen Naturkatastrophen noch vergleichsweise gering. Der Rückversicherer Swiss Re hat erhoben, welche Städte weltweit am meisten von Naturkatastrophen bedroht sind – und es ist keine deutsche, nicht einmal eine europäische darunter.

Am schlimmsten ist es zu Hause – im Sommer

Flugangst, schlechtes Wetter, volle Autobahnen, Eis und Schnee – die Deutschen fürchten sich vor vielem, was ihnen draußen in der Welt zusetzen könnte. Und verschätzen sich dabei ständig. Die meisten würden zum Beispiel ihr Auto im Winter lieber in die Garage stellen, als es draußen stehen zu lassen. Tatsächlich aber ist der feste Unterstand im Sommer viel wichtiger, um Schäden abzuwenden: Draußen stehend, werden die meisten Autos in Deutschland zwischen Mai und August beschädigt und nicht in den kalten Wintermonaten. Der Grund: Hagel wiegt in der Schadensbilanz der Versicherer deutlich schwerer als zum Beispiel herabfallende Äste im Herbst, und das übrigens überdurchschnittlich hoch in den Schönwetterregionen Baden-Württemberg und Bayern.
Doch es sind nicht die Wetterphänomene und auch nicht die Autounfälle (siehe Kapitel 4), die uns meist das Leben kosten. Zum einen ereignet sich nur jeder fünfte registrierte Unfall im Straßenverkehr und zum anderen schlagen zwar rund 1,5 Millionen Blitze durchschnittlich im Jahr in Deutschland ein, seit 1992 hat sich die Zahl sogar nahezu verdoppelt. Dabei ist das Risiko, von einem Blitz getroffen zu werden, in vielen Regionen von Bayern, Baden-Württemberg und Sachsen mehr als dreimal so hoch wie an der norddeutschen Küste, wo es am wenigsten blitzt. Und doch ist

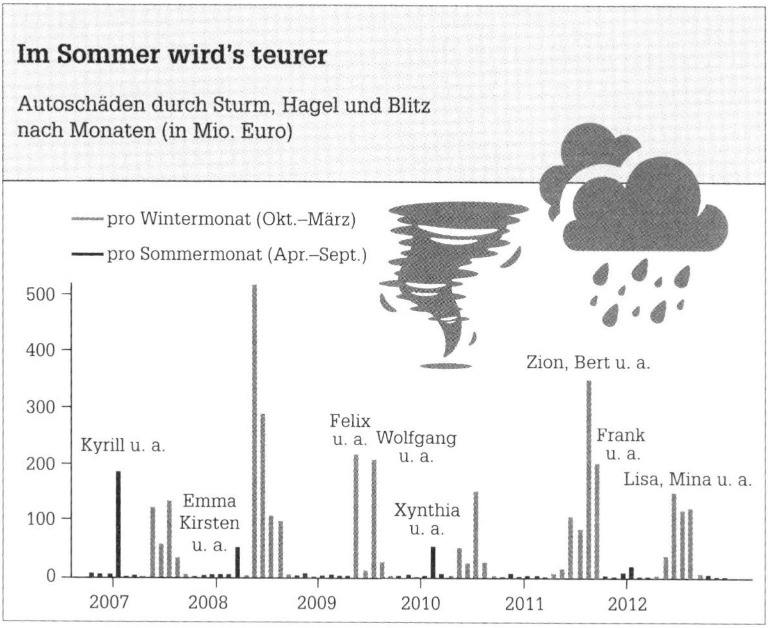

Quelle: GDV

die Gefahr, von einem Blitz erschlagen zu werden (etwa 1:20 Millionen), nicht höher einzuschätzen als die Chance, im Lotto zu gewinnen.

Na, da bleibe ich dann lieber zu Hause, denken Sie sich? Ein Trugschluss. Die wahren Risiken lauern in Form von Leitern, Bohrmaschinen, Fußmatten oder herumliegenden Spielzeugen im Haushalt. Jeder 43. Deutsche stirbt infolge eines Unfalls. Fast jeder zweite tödliche Unfall ereignet sich zu Hause, und damit ist die Wahrscheinlichkeit, an einem sogenannten häuslichen Unfall zu sterben, fast doppelt so hoch wie bei einem Verkehrsunfall.

Jährlich ereignen sich mehr als 2,7 Millionen Unfälle in den eigenen vier Wänden – 7400 am Tag, 308 in der Stunde, mehr als fünf jede Minute. Etwa alle zwölf Sekunden passiert also irgendwo in einer Küche, einem Wohnzimmer oder in einer Garage hierzulande etwas, was wehtut oder sogar den Tod bringt.

Auf vielfältige Weise. Vier von fünf Haushaltsunfällen sind Stürze. Haushaltsgeräte, Handwerkergeräte, ein (rutschiger) Boden und Wohnungsgegenstände sind mit einem Anteil von je einem Achtel an der Gesamtunfallzahl gleichauf. Allein 90.000 Unfälle ereignen sich jedes Jahr auf und mit Haushaltsleitern. Meist schlägt der Schmerz in der Küche und im Garten

Ein unsicheres Zuhause

Wo die meisten tödlichen Unfälle passieren

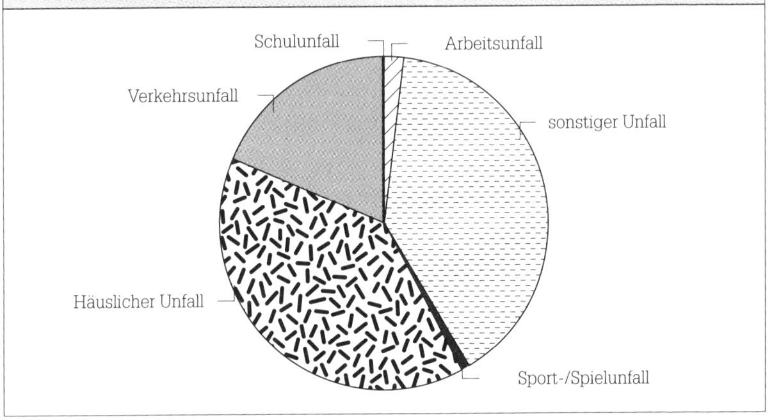

Quelle: Destatis/Statistisches Bundesamt

Wo es dampft und zischt

Die meisten Unfälle im Haushalt passieren in ...

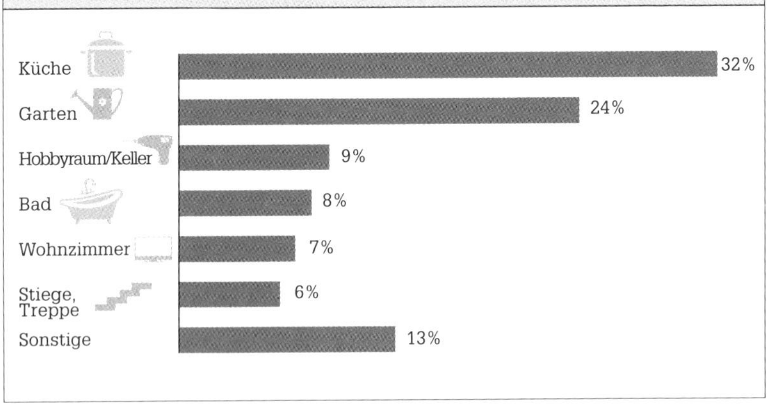

Quelle: Allianz

zu, hat der Versicherer Allianz in einer Umfrage in Österreich erhoben, und zwar vier- bzw. dreimal so häufig wie im Bad. Überraschenderweise passiert mit einem Anteil von sechs Prozent auf Treppen eher wenig.
Unter dem Strich ist jedenfalls nicht verwunderlich: Wer viel zu Hause ist, ist früher tot. Vor allem mit dem Renteneintritt schnellt die Zahl der Unfälle im eigenen Haushalt deutlich nach oben.

Wenn der Feuerteufel zuschlägt

Zumindest zum Schlafen trauen sich die meisten dann doch nach Hause. Denn trotz allem fühlen wir uns hier sicher, obwohl wir im Schlaf doch so wehrlos sind. Rund 600 Menschen sterben jährlich in Deutschland durch Brände, die Mehrheit von ihnen in Privathaushalten – und 70 Prozent aller Brandopfer sterben nachts in den eigenen vier Wänden. 95 Prozent aller Brandtoten fallen nicht den Flammen, sondern den giftigen Rauchgasen zum Opfer, die während der Schwelbrandphase entstehen. Ursache für die etwa 200.000 Brände im Jahr ist nicht nur Fahrlässigkeit. Sehr oft lösen technische Defekte Brände aus, und zwar dann, wenn wir schlafen.
Der Blick in die Statistik der Deutschen Gesellschaft für Verbrennungsmedizin offenbart fast mehr, als man wissen möchte: Die meisten Ver-

Im Dezember wird es brenzlig

Im Januar werden die meisten Feuerschäden gemeldet

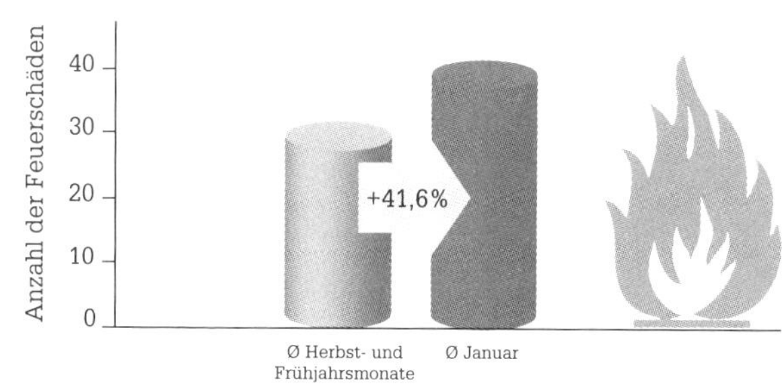

Quelle: GDV

brennungen (zwei Drittel) wurden durch Haushaltsunfälle ausgelöst, vier Prozent der Verbrannten hat selbst nachgeholfen – also Selbstmord begangen. Neben Feuer und Flammen (50 Prozent) erlitten die meisten klinisch Behandelten (ein Viertel) Verbrühungen.

Dabei steht Deutschland beim Thema Brandgefahr international noch gut da: Die Feuertodesrate hierzulande ist nur halb so groß wie in den USA, und Finnen und Griechen kommen mit fast dreimal so großer Wahrscheinlichkeit in den Flammen um wie Deutsche.

Eine besonders verhängnisvolle Zeit mit Blick auf Brände ist übrigens Weihnachten. Glücklich ist da, wer nach den Festtagen noch ein Haus hat. Denn die Zahl der Brände steigt zum Jahresende deutlich an. Während im Land Besinnlichkeit einkehrt und die Zahl der Morde im Dezember zum Beispiel deutlich zurückgeht, nimmt die Wahrscheinlichkeit von Hausbränden um mehr als ein Drittel zu: Adventsgestecke, Kerzen und Silvesterböller sind schuld.

Die allgemeine Hektik hat ihren Anteil daran. Denn nicht nur Lichter und Äuglein sollen glänzen – Mutti will auch, dass das ganze Haus in Sauberkeit erstrahlt. Und Vati hat sich so sehr abgerackert in den Wochen vor dem Fest, dass pünktlich zu den ruhigen Tagen die Fahrt ins Krankenhaus ansteht. Die Zahl der mit Herzinfarkt ins Krankenhaus eingelieferten Patienten steigt zu Weihnachten und Silvester um ein Drittel, hat eine Krankenkasse herausgefunden. Perfektionsdruck, Termindruck zum Jahresende in der Arbeit und Geschenkestress sind die Gründe.

Noch eine Besonderheit der dunklen Jahreszeit: Die Einbrecher sind unterwegs. Nicht in der sommerlichen Urlaubszeit wird am meisten eingebrochen, ergab eine Studie des Polizeipräsidiums Köln, sondern in den Monaten November bis März. Dann wird es früh dunkel. Was die Wochentage angeht, ist das Risiko an Freitagen und Samstagen um die Hälfte höher als an den Montagen bis Donnerstagen, auf die etwa ein Neuntel der Einbrüche entfallen. Auch am Sonntag arbeiten die Einbrecher mehr als an Wochentagen.

Immerhin dürfen Sie, statistisch betrachtet, damit aufhören, sich nachts zu ängstigen. Über ein Drittel der Einbrüche findet tagsüber statt, am häufigsten zwischen 18 und 20 Uhr. Aber wähnen Sie sich nicht in allzu großer Sicherheit. Die Zahlen sind, mal anders ausgedrückt, ziemlich

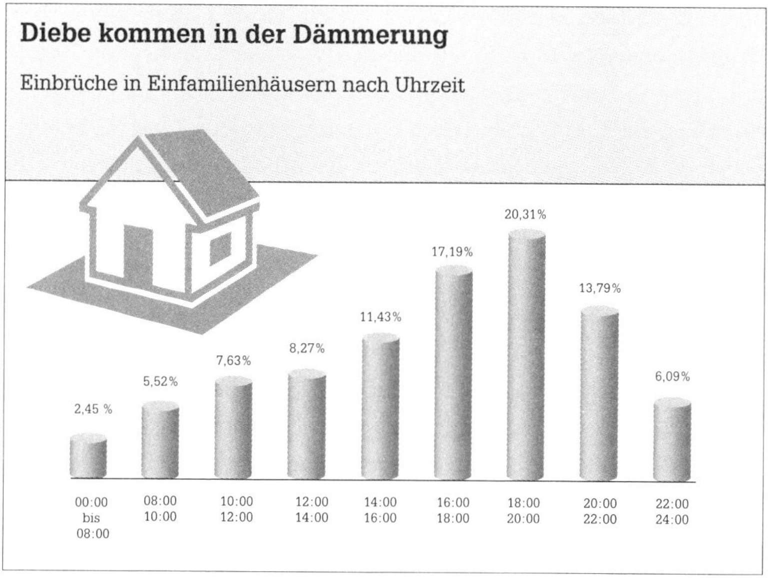

Quelle: Polizei Köln

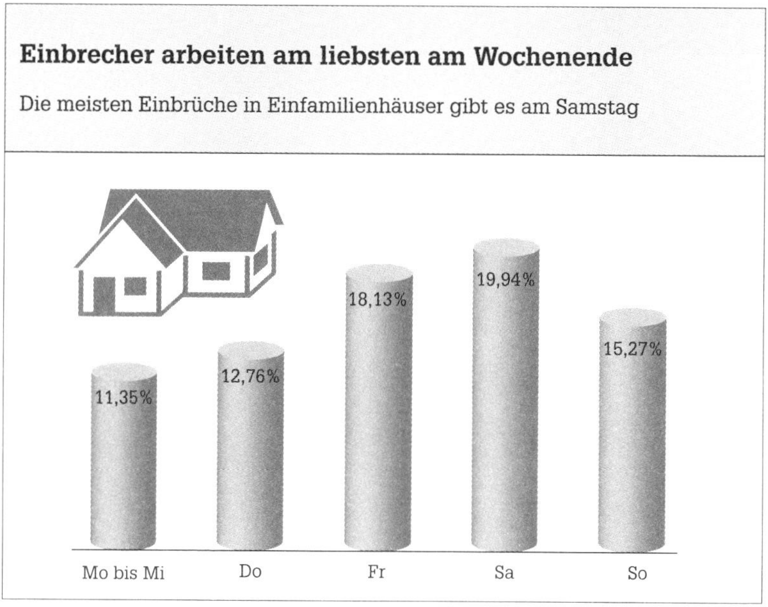

Quelle: Polizei Köln

bedrückend: Etwa alle zwei Minuten wird in Deutschland eingebrochen. Besonders häufig wählen Einbrecher den Weg über Fenster sowie Terrassen- und Balkontüren, gefolgt von der Eingangstür.
Vor allem ältere Menschen haben übrigens große Angst vor Wohnungseinbrüchen. Und man muss sagen: zu Recht! Studien legen nahe, dass sie deutlich häufiger als alle anderen Altersgruppen Opfer von Raubmord werden: Über 65-Jährige fallen doppelt so oft Morden zum Opfer, die durch den Diebstahl von Eigentum motiviert sind. So erklärt sich auch, dass bei älteren Mordopfern der Täter nicht so häufig wie sonst in der Familie zu suchen ist. Laut einer Analyse von Kriminalitätsdaten aus Kanada wurden in der Opfergruppe der 26- bis 45-Jährigen vier von zehn Morden vom Ehepartner oder Liebhaber begangen – bei den über 65-Jährigen war es nur jeder achte Mord. Fazit: Senioren kommen insgesamt am wenigsten häufig durch die Hand von jemandem um, den sie kennen.

Kapitel 7:

Freizeit & Sport
Breitensport ist Massenmord

Wir haben also gelernt: Unser Leben trachtet uns nach dem Leben. Im Grunde bleibt uns gar nichts anders übrig, als uns von diesem Wissen abzulenken. In der Freizeit zum Beispiel, indem wir unseren Hobbys nachgehen, uns mit Sport so fit halten, dass wir die nächste tödliche Attacke unseres Lebens abwehren können. Doch hier lauert die nächste Todesfalle. Denn gefährlich ist vor allem das Risiko, das wir freiwillig und aus Freude eingehen.

Tödliche Freizeit: Wo es passiert, wenn es passiert

2011

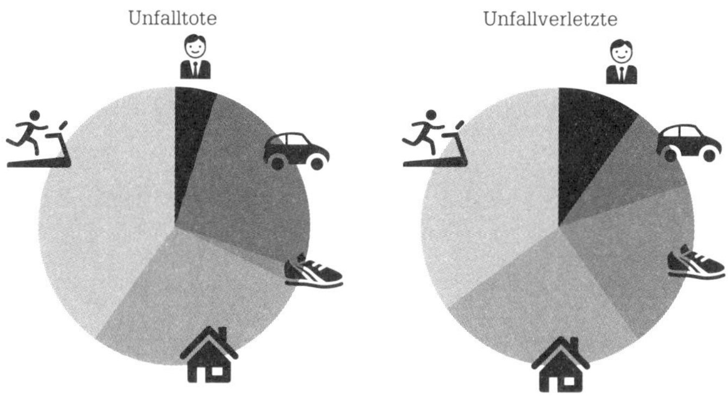

	Arbeit	Verkehr	Schule	Hausbereich	Freizeit
Tödliche Unfälle	534	4.197	11	7.868	7.796
Unfall-verletzte (in Millionen)	1,07	0,39	1,36	2,80	3,10

Die Zahl der Verkehrstoten lag in Deutschland bekanntlich zuletzt bei 3300 im Jahr 2013, mit weiter abnehmender Tendenz. Was Gevatter Tod natürlich nicht gutheißen kann. Daher sorgt er dafür, dass es einen derartigen Rückgang in anderen Lebensbereichen nicht gibt – vor allem nicht in unserer Freizeit, in der wir uns so entspannt fühlen.

Handball, Fußball, Tod!

Insgesamt geschehen in Deutschland jährlich rund 8,7 Millionen Unfälle – statistisch muss damit jeder zehnte Deutsche einmal im Jahr mit einem Unfall rechnen. Dass der auf der Straße passiert, ist nicht garantiert: Jährlich 2,4 Millionen registrierte Verkehrsunfälle bedeuten, dass knapp drei Viertel aller Unfälle an anderen Schauplätzen geschehen. Auch der Arbeitsplatz ist vergleichsweise sicher, dort kommt es zu 1,3 Millionen Unfällen.

Doch obwohl wir immer wieder über mangelnde Freizeit jammern, kosten wir sie so intensiv aus, dass sie zum rechnerisch gefährlichsten Teil unseres Lebens wird: Gut drei Millionen der Unfälle zählen zum Bereich Freizeit.

Besonders gerne betätigt sich der Mensch in seiner arbeitsfreien Zeit sportlich. 23 Millionen Deutsche zählen zum großen Feld der Freizeitsportler – 57 % davon sind in einem Verein aktiv, 43 % trainieren auf eigene Faust. Ungeschoren kommen viele nicht davon. In jedem Jahr verletzen sich in Deutschland 1,25 Millionen Menschen beim Sport so schwer, dass sie von einem Arzt behandelt werden müssen.

Sieht man sich die Zahlen genauer an, dann sind nicht etwa Risikosportarten wie Freeclimbing besonders gefährlich, sondern vor allem die Allerweltssportarten. Im Vereinssport liegt daher Fußball mit einem Anteil von 45 % als verletzungsträchtigste Sportart an der Spitze, gefolgt von Handball mit 14 % und Volleyball mit 6 %.

Zählt man allein die Sportverletzungen von Frauen im Vereinssport, sieht das Bild etwas anders aus: Hier liegt Handball mit 21 % unangefochten an der Spitze, Fußball folgt erst an fünfter Stelle mit knapp 9 %.

Bei den tödlich verlaufenden Sportunfällen liegt Fußball wiederum insgesamt mit einem Anteil von 23,9 % an der Spitze – gefolgt von Tennis mit 8 % und Radsport mit 6,3 %. Angesichts der hohen Zahl an Sportlern

**Luft hat keine Balken:
Relatives Risiko eines Unfalltodesfalles in verschiedenen Sportarten (mittlerer Risikoindex = 1)**

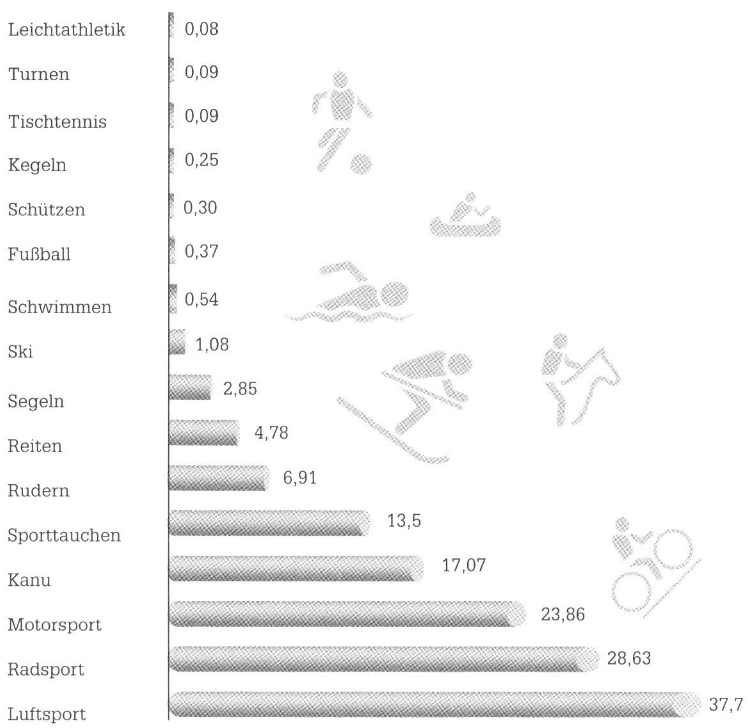

wirkt die grundsätzliche Todesgefahr bei den Leibesertüchtigungen auf den ersten Blick aber verschwindend gering: Die Versicherung ARAG-RUB hat errechnet, dass nur ein Todesfall auf 100.000 Sporttreibende kommt.

Doch neben dem Breitensport, dem die Massen nachgehen, gibt es bekanntlich auch andere Sportarten, die nur einen vergleichsweise kleinen Kreis an Aktiven anziehen – weil sie besonders anstrengend, teuer oder einfach riskant sind. Zieht man diese heran, dann stehen wiederum sportliche Betätigungen an der Spitze der Risikoskala, die nur von den wenigs-

Von uns scheidend is auf'm Platz: Todesfälle nach Sportarten 1972 bis 2009

Deutschland

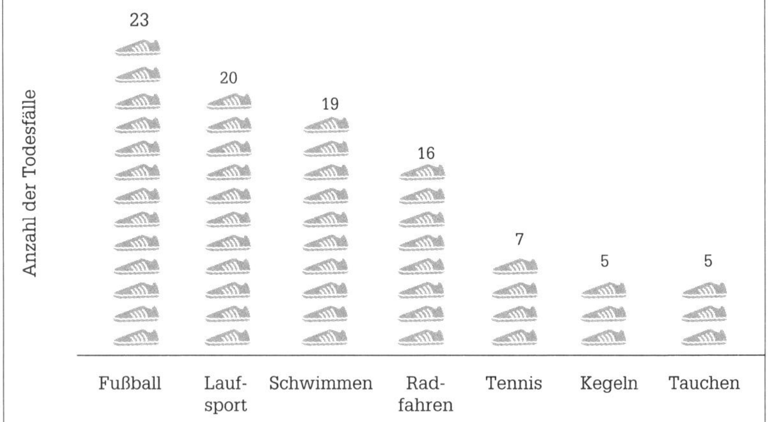

ten Menschen einmal in ihrem Leben ausgeübt werden: wie Luft- oder Motorsport. Bei diesen Sportarten liegt das Todesrisiko bis zu 40-mal höher als beim Durchschnitt aller Sportarten.

Nehmen wir für das durchschnittliche Risiko, einen tödlichen Sportunfall zu erleiden, die Ziffer 1 als Wert, dann liegt das Risiko im Luftsport bei 37,3, im Radsport bei 28,63 und im Motorsport bei 23,86. Auch auf den weiteren Plätzen folgen Betätigungen, die eher als Randsportarten einzustufen sind: Kanufahren mit 17,07, Sporttauchen mit 13,5 und Rudern mit 6,91.

Das Sterberisiko beim Fußball ist in diesem Vergleich mit 0,37 fast vernachlässigbar – sogar Behindertensport ist mit 0,53 lebensgefährlicher. Noch sicherer als Fußballer leben Schützen (0,3), Handballer (0,16) und am unteren Ende der Skala die Leichtathleten mit 0,08.

Nun ist aber auch solch eine Rechnung wie alle Statistiken und Wahrscheinlichkeiten relativ. Die Chance, beim Sport umzukommen, hängt stark davon ab, wo der Mensch lebt, wie seine Umgebung aussieht und wie oft er trainiert. So wird im Gebirge kaum jemand beim Tauchsport umkommen, während an der Küste selten Bergsteiger in den Tod stürzen.

Wenn der Berg ruft

Wie das Umfeld die Gefahr im Sport verändern kann, das zeigen Statistiken aus der Schweiz. Hier steht bei den sportlichen Todesfällen das Bergwandern unangefochten an der Spitze. Zwischen dem Jahr 2000 und 2012 kamen dabei 587 Menschen ums Leben. Das Bergsteigen belegt mit 411 Toten den zweiten Platz, mit deutlichem Abstand und 201 Toten folgt das Tourenskifahren auf dem dritten Rang.

Als eine der sichersten Freizeitbetätigungen oder Sportarten wird dort Bungeejumping angeführt: Nur ein Mensch kam in den mehr als zehn untersuchten Jahren dabei ums Leben.

Verändert wird das Risiko des Sports immer wieder auch durch Trends beziehungsweise Trendsportarten. Eine davon ist das Base-Jumping. Der Begriff *Base* setzt sich aus den Anfangsbuchstaben von *B*uilding, *A*ntenna, *S*pan und *E*arth zusammen – es geht also schlicht darum, von möglichst hohen Gebäuden, Masten, Brücken oder Bergen in die Tiefe zu springen. Immer mit dem Wunsch, dabei eine gute Figur abzugeben und am Ende mithilfe eines Fallschirms lebend am Boden anzukommen. Dieser Wunsch erfüllte sich für bisher 222 Menschen weltweit nicht – sie wurden gegen Wände geschleudert oder erreichten den Boden ungebremst. Als Erster starb im April 1981 William Harmon beim Sprung von einem Sendemast. Galt er damals noch als Einzelfall und jemand, dessen Unfall sich wohl nicht wiederholen würde, änderte sich die Sache vor allem im neuen Jahrtausend. Base-Jumping wuchs von einer grundsätzlich einfach nur idiotischen Idee zu einem regelrechten Massenphänomen an, dessen Folgen sich nun ebenfalls in der Schweiz besonders deutlich zeigen. Die Base-Jumper haben nämlich das urwüchsige Lauterbrunnental wegen seiner fast senkrechten Felswände als neues Mekka des Todessprungs entdeckt. Allein im Jahr 2012 fanden dort 20.000 Sprünge in die Tiefe statt. Was wiederum die Sportunfallstatistik der Schweiz veränderte: Im Jahr 2000 war Base-Jumping dort noch weitgehend unbekannt, kein einziger Todesfall wurde registriert. Neun Jahre später sah die Sache schon anders aus: 2009 fanden 8 tote Base-Jumper Eingang in die Statistik, 2012 kamen 7 ums Leben. Damit erreichte die Felsenspringerei über den gesamten Zeitraum von 2000 bis 2012 zwar nur den 14. Rang der tödlichsten Sportarten. Allein für das Jahr 2012 gerechnet, belegte Base-Jumping jedoch schon den sechsten Rang hinter dem Gleitschirmfliegen.

Der Einzug in eine andere Hitliste der tödlichen Sportarten wird dem Base-Jumping wegen des hohen Risikos und des notwendigen Wahnsinns der Springer wohl verwehrt bleiben: Kaum jemand wird diesen Sport lebend 25 Jahre lang ausüben, sodass sich nicht errechnen lässt, wie groß das Sterberisiko über einen derart langen Zeitraum ist.

Cheerleading vs. Fallschirmspringen

Daher wird für Langzeitsportler wohl auch künftig das Fallschirmspringen die tödlichste Betätigung sein. Über einen Zeitraum von 25 Jahren liegt die Wahrscheinlichkeit eines nicht überlebten Sprungs bei 1:23. Hobbybergsteiger müssen mit einem Risiko von 1:70 den nächsten Aufstieg in Angriff nehmen und leben damit noch gefährlicher als Boxer, die mit einer Wahrscheinlichkeit von 1:220 binnen 25 Jahren den Ring auf einer Bahre verlassen. Professionelle Skirennfahrer wiederum rasen mit einem Sterberisiko von 1:4000 die Hänge hinab, bei Freizeitskifahrern liegt der Wert über einen Zeitraum von 25 Jahren bei nur 1:57.000.

Nun ist Sport nicht alles, was der Mensch in seiner Freizeit macht. Und manchmal verschwimmen außerdem die Grenzen zwischen sportlicher Betätigung und reinem Freizeitspaß. So wird das Cheerleading in Deutschland nicht wirklich als Sport wahrgenommen – in den USA dagegen gilt diese Pompom-wedelnde Mischung aus Tanz und Akrobatik als gefährlichste Sportart überhaupt für Mädchen und junge Frauen. Allein von 1990 bis zum Jahr 2002 verdoppelte sich die Zahl der Cheerleading-Unfälle von 10.900 auf 22.900. Von 1982 bis 2007 wurden außerdem 103 Unfälle gezählt, die tödlich endeten beziehungsweise schwere oder dauerhafte Schäden zur Folge hatten.

Im Normalfall sind es jedoch vor allem junge Männer, die immer wieder nach möglichst gefährlichen und häufig außerordentlich unsinnigen Freizeitbeschäftigungen suchen. Dazu zählt auch das Slacklining, das nur mit

viel gutem Willen als Sport durchgeht. Auf Anhieb hört sich die Sache gar nicht so abwegig an: Slacklining ist im Grunde die moderne Fortsetzung des Seiltanzens. Ein Seil oder ein Schlauch wird zwischen zwei Gegenständen gespannt, der Mensch balanciert darauf. Möglich ist das auch, wenn das Seil nur zehn Zentimeter über dem Boden gespannt wird. Nur ist das dem unbewusst todessehnsüchtigen jungen Großstädter unserer Zeit meist nicht genug. Zwar gibt es zu Slacklining bislang keinerlei nachprüfbare Unfallzahlen. Es wurde jedoch bereits als wohl gefährlichstes Hobby der Welt eingestuft, da Jugendliche ihre Seile gerne mal über den Fahrbahnen viel befahrener Straßen spannen und über laufendem Verkehr balancieren.
Eine weitere seltsame Freizeitbetätigung Jugendlicher hat dagegen bereits Einzug in die Todesstatistiken gefunden: die Choking Games beziehungsweise Würge- oder Ohnmachtsspiele. Mit derartigen Praktiken haben in der Vergangenheit einige Erwachsene lediglich ihre sexuelle Lust gesteigert: Sie legten sich Riemen um den Hals und zogen zu – womit sie sich dann und wann auch direkt aus der Welt der Lebenden verabschiedeten, wie der ehemalige Sänger der Band INXS Michael Hutchence.
In der Neuzeit versuchen sich daran jedoch Jugendliche, und zwar nicht allein. Sie würgen sich vielmehr gegenseitig, wollen nahe der Ohnmacht einen rauschartigen Zustand ohne Einnahme einer Droge erleben – wenn denn der helfende Würger zum richtigen Zeitpunkt aufhört.
Wie so viele Freizeittrends haben auch die Choking Games ihren Ursprung in den USA – bis 2007 zählte man dort 82 tote Kinder und Jugendliche durch diese Würgespiele. Der erste Deutsche entleibte sich auf diese Weise im Jahr 2009 – er wird sicher nicht der letzte bleiben.
Für den Durchschnittsmenschen klingen derartige Praktiken sicher exotisch. Er schüttelt darüber den Kopf und verbringt seine Freizeit lieber so, wie es ihm Millionen andere immer wieder vormachen. Dabei fühlt er sich dann schon allein durch die Tatsache sicher, dass sein Freizeitvergnügen gesellschaftlich anerkannt und entsprechend verbreitet ist. Was jedoch nichts an der tatsächlichen Gefährlichkeit ändert.
Selbst wer zum Beispiel nicht im Schwimmsport seinen Körper trainiert, sondern im Sommer einfach mal gerne ins Wasser hüpft, legt damit den Grundstein für eine gesteigerte Wahrscheinlichkeit eines verfrühten Ablebens.

Tödliche Teiche

Allein in den warmen Sommermonaten von Juni bis Mitte August 2013 wurden in Deutschland 250 Badende tot aus dem Wasser gezogen. Im gesamten Jahr ertranken 361 Menschen in unbewachten Gewässern – darunter 32 Jungen und Mädchen im Alter bis zu 15 Jahren. In Flüssen und Bächen starben 142, in Seen 138. Überraschend: Nord- und Ostsee sind im Vergleich deutlich sicherer als manches harmlos plätschernde Bächlein – 17 Ertrunkene zählte man in der Ostsee, in der Nordsee sogar nur

Blubb, weg war er

Todesfälle durch Ertrinken in Deutschland 2012

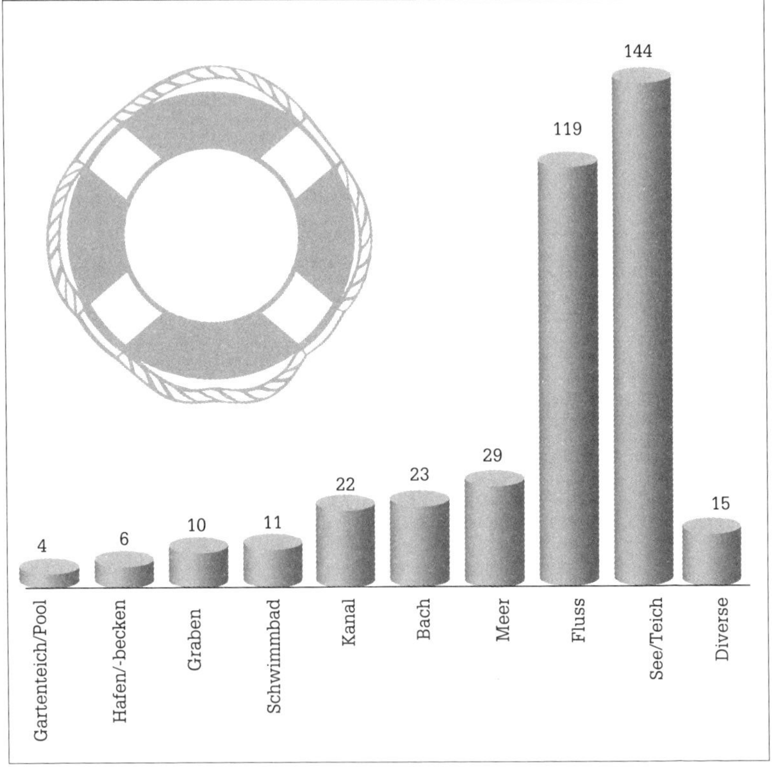

5. In den Flüssen und Seen ertranken damit 12,7-mal so viele Menschen wie in den Weiten der offenen Meere mit ihren Strömungen und haushohen Wellen.
Sogar in privaten Teichen oder Swimmingpools kamen mehr Menschen um als in der Nordsee: 7 Ertrunkene wurden in solchen Privatgewässern gefunden.
Nun endet nicht jeder Badeunfall tödlich – vielfach besteht die Unfallfolge allerdings darin, dass der Mensch nie wieder in seinem Leben ein Risiko eingehen kann. Speziell der Kopfsprung in unbekannte Gewässer führt häufig zu lebenslanger Untätigkeit: In den Jahren 2000 bis 2005 zählten deutsche Kliniken 327 Fälle hoher Querschnittslähmungen durch Sprünge oder Stürze ins Wasser. Hohe Querschnittslähmung bedeutet, dass für den Springer häufig sogar die selbstbestimmte Fahrt im Rollstuhl ein unrealistischer Traum ist: Der Verunglückte ist nach dem Aufprall vom Hals abwärts gelähmt und bleibt es in der Regel auch.
Jedes Kind weiß, dass solche Sprünge gefährlich sind, sollte man meinen. Aber der Mensch verfügt eben über die einzigartige Veranlagung, Gefahren für sich selbst auszublenden und das Risiko nur bei anderen zu sehen. So ist natürlich auch jedem leidlich intelligenten Deutschen bewusst, dass er einen Grill nicht mit Benzin oder Spiritus anheizen sollte – könnte ja explodieren, eine Stichflamme gen Himmel schicken und so weiter und so fort. Trotzdem werden in Deutschland alljährlich 4000 Grillunfälle verzeichnet, 500 Menschen erleiden dabei laut der Deutschen Gesellschaft für Verbrennungsmedizin (DGV) besonders schwere und teils lebensbedrohliche Verbrennungen.
Doch die Flamme selbst ist bei der Freizeitbetätigung Grillen gar nicht mal die tödlichste Gefahr. Das größere Risiko ist vielmehr nahezu unsichtbar: Kohlenmonoxid. Gerade das Grillen mit Holzkohle hat immer wieder Todesfälle zur Folge – in den vergangenen Jahren jeweils bis zu 16. Mancher mag eben auch im Winter nicht vom Grillen lassen und bringt die Holzkohle in der Wohnung zum Glühen.
Bei den Opfern handelt es sich vor allem um unfreiwillig aus dem Leben geschiedene Opfer. Doch auch Selbstmörder entdecken den Holzkohlegrill. Sie nutzen die giftigen Gase in geschlossenen Räumen, um zuerst langsam einzuschlafen und schließlich daran zu sterben. Bekannt wurde

der Fall eines Ehepaares, das sich zum gemeinschaftlichen Freitod mit Grillgasen in der Wohnung entschloss. Doch sie waren nicht die Einzigen. Allein in der Rechtsmedizin Hamburg registrierte man zwischen September 2009 und Oktober 2010 insgesamt neun Todesfälle durch Kohlenmonoxidvergiftung in Verbindung mit einem Holzkohlegrill – sieben der Fälle waren Selbsttötungen.

Speziell in Asien greift der Suizid mit Holzkohlegasen immer weiter um sich. In Taiwan wurden 33,5 Prozent der im Jahr 2006 verübten Selbstmorde mithilfe des sonst für Freizeitvergnügungen genutzten Holzkohlegrills begangen.

Der tiefe Fall vom Hochsitz

Denkt beim Grillen zunächst kaum jemand an eine tödliche Gefahr, ist das bei einer anderen Freizeitbeschäftigung gänzlich anders: der Jagd. Der Zweck der Jagd ist einzig und allein der, ein Tier umzubringen. Nur scheint die Natur allzu oft etwas gegen dieses Vorhaben zu haben und kehrt das Ansinnen schlicht und einfach um: Jährlich kommt es in Deutschland nach Angaben von Jagdgegnern zu 800 Jagdunfällen, bei denen 40 Todesopfer zu beklagen sind.

Was der Deutsche Jagdschutzverband selbstredend vehement bestreitet. Der verweist darauf, dass laut Statistik durch sogenannte Langwaffen, wie Jäger sie verwenden, nur 11 Menschen starben – was ja auch noch eine ganze Menge ist. Trotzdem erklärt der Verband, dass im Verhältnis das Wandern achtmal gefährlicher ist als die Jagd. Kurioserweise scheint es tatsächlich so, dass die Jagdwaffe nicht der häufigste Auslöser eines Jagdunfalls ist. Vielmehr sind Jäger wohl so auf das Töten von Tieren fixiert, dass sie andere Risiken ignorieren oder sich nicht darum kümmern, diese zu beseitigen. Einen besonders häufigen Auslöser für Jagdunfälle hat die *Deutsche Jagd Zeitung* herausgefunden: Eine Viertel solcher bei der Landwirtschaftlichen Berufsgenossenschaft gemeldeten Unfälle geht demnach auf den Sturz vom Hochsitz zurück. Nicht etwa, weil der Jäger beim Warten auf das Wild einschläft oder sich da oben sinnlos betrinkt – vielmehr werden zahlreiche Hochsitze nicht ausreichend gepflegt und brechen schließlich mitsamt dem Jäger zusammen.

Ohnehin ist es in der Freizeit ratsam, sich auch auf die unmöglichsten Szenarien einzustellen. So gilt Modellbau an sich als gänzlich ungefährliches Hobby. Niemand wurde bisher von einer Märklin-Bahn überrollt. Aber: Vor einem Berliner Gericht wurde ein Vorfall verhandelt, in dem ein Streit unter Modelleisenbahnern tödlich endete. Als der eine Beteiligte zur »besten Lok« des anderen griff, stach der 13-mal auf sein Gegenüber ein und warf die Leiche anschließend aus dem neunten Stock.

Wie schnell aus Modellbauspaß Ernst werden kann, musste auch ein 19-Jähriger in New York erfahren. Der Modellbaufan ließ einen ferngesteuerten Helikopter aufsteigen, verlor dann jedoch die Kontrolle über das Fluggerät. Der Rotor trennte die Schädeldecke des Hobbypiloten ab und durchschnitt seine Kehle – er verblutete.

Solche Fälle zeigen: Die Zahl der Möglichkeiten, sich in der Feizeit schwer zu verletzen oder getötet zu werden, ist schier unendlich. Das beginnt übrigens schon in jungen Jahren: Insgesamt 450.000 Kinder und Jugendliche verletzen sich jährlich in ihrer Freizeit – allein 50.000 beim Skaten. Beim Reiten kommt es jedes Jahr zu 30.000 bis 40.000 Unfällen, deren Folgen ärztlich behandelt werden müssen – rund 12 Menschen sterben.

Selbst nahezu bewegungsfreie Freizeitaktivitäten enden immer wieder schmerzhaft bis tödlich – auch das Angeln. Regelmäßig werden Fälle bekannt, in denen etwa Angelhaken nicht in Fischmäulern, sondern in Wangen oder gar Augen von Menschen landen. Jährlich werden außerdem Todesfälle gemeldet, wenn etwa ein Angler die Rute aus dem Wasser bergen will, sich selbst aber nicht mehr ans trockene Ufer retten kann.

Kapitel 8:

Reisen & fremde Länder
Andere Länder, andere Gefahren

Sie sind immer noch da? Sie wurden nicht in der Zwischenzeit beim Radfahren von einem Lastwagen zermalmt oder haben Ihr Leben beim letzten Grillfest ausgehaucht? Dann belohnen Sie sich: Gehen Sie auf Reisen und besuchen Sie fremde Länder. Denn auf diese Weise können Sie das Gefahrenpotenzial Ihres Lebens noch besser auskosten. Schließlich wartet da draußen alles, was unser Planet an lebensverkürzenden Maßnahmen zu bieten hat: tödliche Tiere, schreckliche Krankheiten und natürlich all die Menschen, denen das Leben anderer keinen Cent wert ist.
Auf der Suche nach den gefährlichsten Reisezielen der Welt hilft die Risk Map. Eine Weltkarte, die regelmäßig von dem Unternehmen Control Risks aktualisiert wird und das Risiko einzelner Regionen farblich markiert: von Hellgrün für sehr sicher wie in Schweden oder Liechtenstein über das

Tiger im Nacken: Risikogebiete weltweit

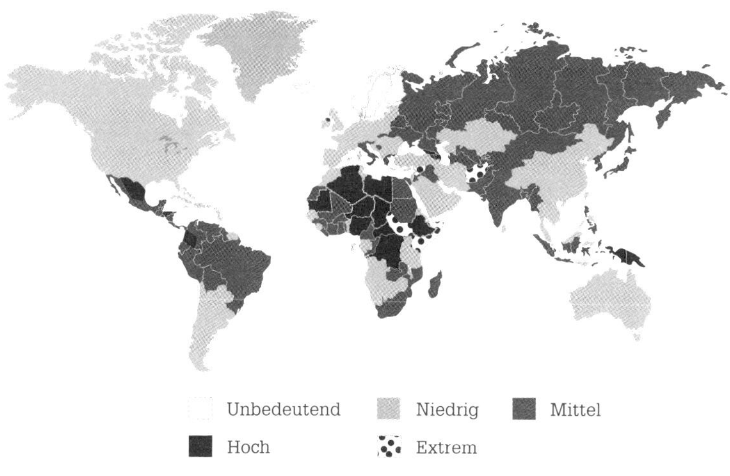

noch recht sichere Hellgelb wie in Deutschland und den meisten anderen europäischen Nationen bis hin zu einem ziemlich tödlichen Dunkelrot. Dass damit Länder wie Syrien, der Irak oder Afghanistan gekennzeichnet sind, dürfte nicht sonderlich überraschen.

Doch diese Karte verzeichnet ohnehin nur eine allgemeine Gefahrenlage, vor Ort kann sich die Situation auch in den nicht dunkelroten Nationen ungemütlich gestalten. Etwa in Südafrika, einem Land, das sich immer stärker zum Touristenmagneten entwickelt – rund 200.000 Deutsche zieht es jährlich dorthin. Menschen, die eine atemberaubende Natur und wilde Tiere bestaunen wollen. Doch die Konfrontation mit einem Löwen stellt dort gar nicht mal das eigentliche Risiko dar. Südafrika gilt vielmehr als Hochburg des Mordes.

Mord ist ihr Hobby

Deutschland ist ein Land, in dem Mord eine nachlassende Gefahr darstellt. Wurden hier im Jahr 1995 noch 720 Menschen ermordet, waren es im Jahr 2000 nur noch 497, und 2012 erreichte man einen Tiefststand

Keine Konkurrenz zu Tatort & Co.: Die Zahl der Morde sinkt
Deutschland

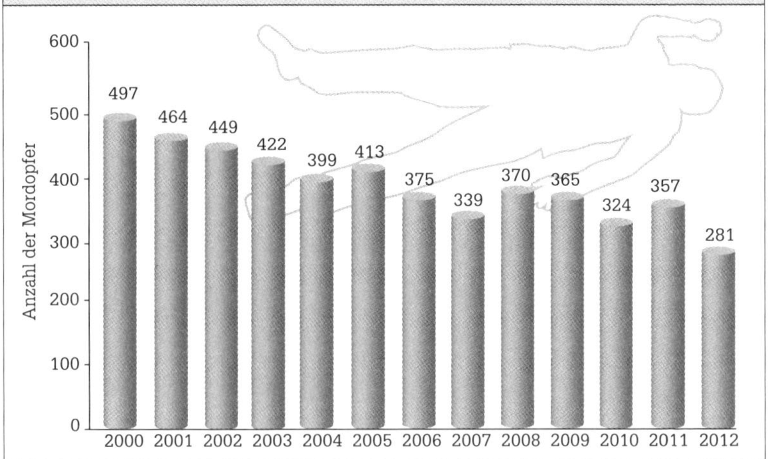

von 281 Mordopfern. Die statistische Häufigkeit eines versuchten oder vollendeten Mordes, bezogen auf 100.000 Einwohner, sank zwischen 1987 und 2007 von 1,6 auf 0,9. Die 281 Morde in 2012 entsprechen 0,77 Morden täglich. Diese Zahlen sollten sich Reisende vor Augen führen, bevor sie nach Südafrika reisen. Dort zählt man täglich landesweit durchschnittlich 50 Morde – verteilt auf die 365 Tage eines Jahres, beträgt die Gesamtzahl der willentlich umgebrachten Menschen 18.250. Damit liegt man auf dem Niveau der USA – mit dem Unterschied, dass in den Vereinigten Staaten 300 Millionen Menschen leben, in Südafrika nur 50 Millionen.

Zugegeben – dass ein Tourist ermordet wird, das ist auch in Südafrika die Ausnahme. Ohnehin ist von Menschen ausgeübte Gewalt nicht das größte Risiko, mit dem Urlauber sich auf der Welt herumschlagen müssen. Schließlich gibt es auch noch Tiere, Pflanzen und Krankheiten, die nach dem Leben des Menschen trachten. Manchmal kombiniert die Natur diese Angreifer sogar zu einer möglichst tödlichen Kombination.

Nicht hieb- und stichfest:
Tötungsdelikte je 100 000 Einwohner

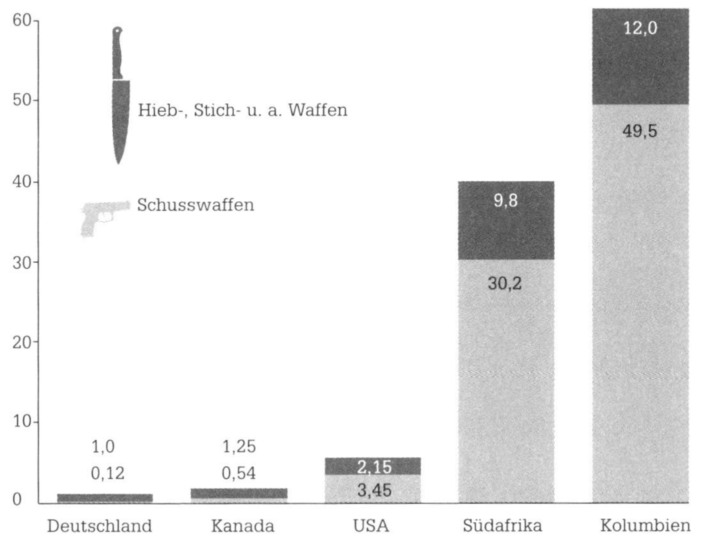

Fragt man sich beispielsweise, welches wild lebende Tier wohl das gefährlichste der Welt ist, dann ist die richtige Antwort auch die unwahrscheinlichste: Nicht der Hai, auch nicht der Löwe hat die meisten Menschen auf dem Gewissen, es ist die Mücke.

Todesmaschine Mücke

Durch die Malariamücke wird – wie der Name vermuten lässt – die Krankheit Malaria übertragen. In jedem Jahr infiziert der Stich der weiblichen Mücke der Gattung Anopheles mehr als 200 Millionen Menschen mit der Krankheit (2009: 243 Millionen, 2010: 216 Millionen). Zwar überlebt der weit überwiegende Teil der Infizierten diese Tropenkrankheit, doch für rund eine Million Menschen bedeutet der Mückenstich jedes Jahr das Todesurteil, vor allem für Kinder in Afrika.
Touristen kommen ebenfalls nicht immer ungeschoren davon. In Deutschland wurden im Jahr 2012 insgesamt 547 Malariafälle gemeldet – vier der Opfer beziehungsweise 0,7 Prozent starben trotz bester medizinischer Versorgung. Mit 83 Prozent wurde der größte Teil der Malariaerkrankungen aus Afrika importiert, gefolgt von Asien mit 17 Prozent. 69 Prozent erkrankten auf touristischen Reisen, 16 Prozent auf Geschäftsreisen – und weitere 10 Prozent waren im Land unterwegs, um humanitäre Hilfe zu leisten oder im Missionsdienst zu arbeiten.
Neben der Malaria gibt es noch zahlreiche weitere Krankheiten, die von Reisen mit nach Deutschland gebracht werden – manche davon potenziell tödlich. Bakterienruhr beziehungsweise Shigellose wurde 2012 bei 526 Deutschen diagnostiziert. Die Infektion verläuft in 3 bis 10 Prozent der Fälle tödlich, raffte jedoch in diesem Fall keine Mitbürger dahin.
Ebenfalls aktenkundig geworden als krankhaftes Reisemitbringsel: 58 Typhusfälle, 614 Fälle von Denguefieber und sogar fünf Lepraerkrankungen. Ein 13-jähriger Junge und eine 30-jährige Frau infizierten sich in Brasilien mit Lepra, die drei anderen Infektionen konnten auf einen Ursprung in Kenia, Myanmar und Indien zurückgeführt werden.
Sie alle kamen mit dem Leben davon – andere Touristen überlebten ihre Reisen nicht. Dass sich Menschen in fernen und oft auch tropischen Inselparadiesen vor allem vor Haien fürchten, das wurde schon angesprochen.

Da hilft keine Firewall: Denguevirusinfektionen unter Thailandflugreisenden in Deutschland

Januar 2011 bis 2013 | Absolutzahlen

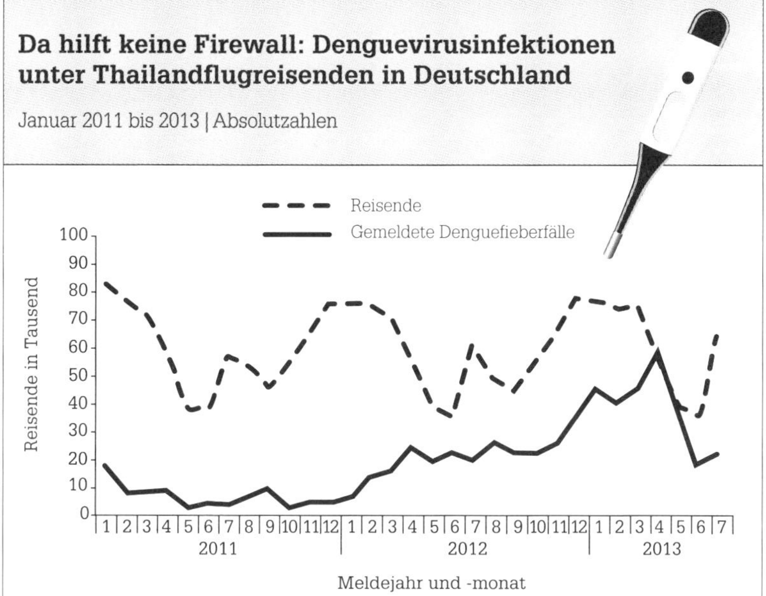

AusgEHECkt

Anzahl der Todesfälle im Zusammenhang mit EHEC in Deutschland von 2000 bis 2011

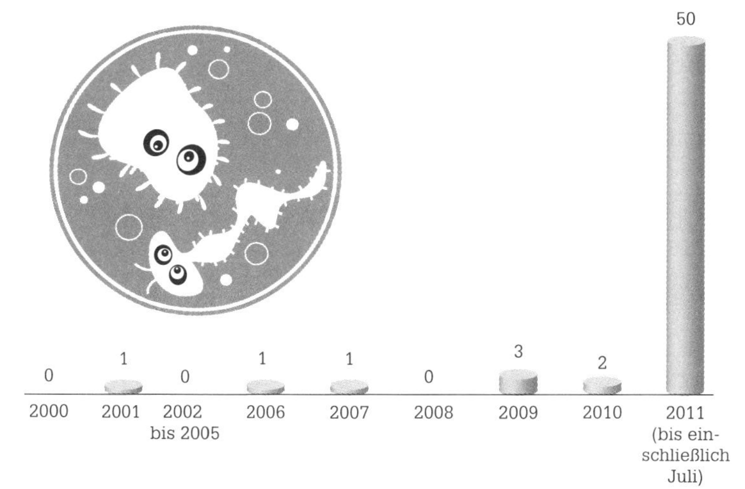

Und der Haifisch, der hat Zähne:
Bestätigte Haiangriffe von 1580 bis 2013

Region	gesamte Attacken	tödliche Attacken	letzte tödliche Attacke
Bermuda	3	0	–
Australien	696	217	2013
Afrika	326	89	2012
Israel	5	2	2013
Asien	126	51	2000
Pazif. Inseln (ohne Hawaii)	125	50	2011
Südamerika	112	25	2013
Hawaii	117	9	2013
Antillen und Bahamas	67	16	1972
Europa	36	17	1989
Mittelamerika	62	27	2011
Neuseeland	49	9	2013
USA (ohne Hawaii)	1.022	36	2012
Offenes Meer	20	7	1995
Gesamt	**2.569**	**484**	**2013**

Ebenso wie die Tatsache, dass der Hai im Vergleich zu anderen Arten der Fauna und Flora ein regelrechtes Kuscheltier ist.
Zur Erinnerung: Die Datenbank International Shark Attack File (ISAF) schätzt die Zahl der jährlichen Haiangriffe weltweit auf 70 bis 100. Die meisten davon gehen glimpflich aus, zu Tode kommen durch Haiangriffe 5 bis 15 Menschen im Jahr.
In den mehr als 400 Jahren seit dem Beginn der Aufzeichnung im Jahr 1580 bis zum Jahr 2012 wurden insgesamt 2569 Haiattacken registriert, 484 verliefen tödlich.

Mörderische Kokosnüsse

Trotzdem ist und bleibt der Hai das Schreckgespenst der Urlaubswelten. Ganz anders als die Kokosnuss, vor der sich nun wirklich niemand fürchtet. Warum eigentlich nicht? Schließlich gehen Experten davon aus, dass jedes Jahr 150 Menschen durch Kokosnüsse aus dem Leben scheiden. Nicht, weil in den Schalen ein verborgenes Gift lauert, sondern weil die Dinger nun mal von Bäumen fallen. Bei dem Sturz aus rund 25 Meter Höhe erreichen die nicht selten vier Kilogramm schweren Früchte Geschwindigkeiten von 80 Stundenkilometern und prallen mit einem Druck von einer Tonne auf menschliche Schädel.

Damit ist die Kokosnuss nicht nur mindestens zehnmal gefährlicher als die weltweite Haipopulation, sie stellt auch eine Raubkatze wie den Tiger in den Schatten: Dem werden jährlich in Ostasien und Afrika 50 hingeraffte Menschen angekreidet.

Doch auch die Kokosnuss ist nicht die tödlichste Waffe der Tier- und Pflanzenwelt nach der Malariamücke. Nilpferde sehen zwar knuffig aus und wirken eher behäbig. Kommen sie jedoch einmal in Fahrt, erreichen sie an Land bis zu 40 Stundenkilometer und sind verantwortlich für etwa 100 Todesopfer. Die von Menschen nicht minder geliebten Elefanten zertrampeln jedes Jahr geschätzte 500 Exemplare des Homo sapiens oder spießen sie mit den Stoßzähnen auf.

Noch erfolgreicher sind Krokodile, die jährlich 1000 Leben von Touristen und Einheimischen vernichten. Skorpione kommen auf eine noch fünfmal höhere Erfolgsquote: 5000 Tote. Auch das reicht jedoch nur für den dritten Rang unter den tödlichsten Tierarten.

Denn auf Platz zwei hinter der Anopheles-Mücke liegt die Schlange. Die ist in Europa mit rund 50 Todesfällen pro Jahr zwar eher erfolglos und muss neidisch auf den Erfolg der Wespe blicken, die allein in Deutschland jedes Jahr bis zu 100 Menschen aller Zukunftsängste entledigt. Weltweit ist die Schlange jedoch weit erfolgreicher: Jährlich werden 5,4 Millionen Schlangenbisse gezählt. Gut die Hälfte davon hinterlassen reine Fleischwunden, da längst nicht jede Schlange giftig ist. In 2,5 Millionen Fällen gelangt jedoch Schlangengift in den menschlichen Organismus – das führt in etwa 300.000 Fällen zu bleibenden Schäden und Amputationen, 125.000 Menschen sterben durch solche Vergiftungen. Das entspricht recht exakt der Einwohnerzahl einer Stadt wie Heilbronn.

Trotz der hohen Zahlen ist die Schlange in Sachen Tödlichkeit nicht sonderlich effektiv. Sie versenkt einfach zu viel Gift in ein einziges Opfer.

Was zu beißen:
Häufigkeit von Vergiftungen durch Schlangenbisse weltweit

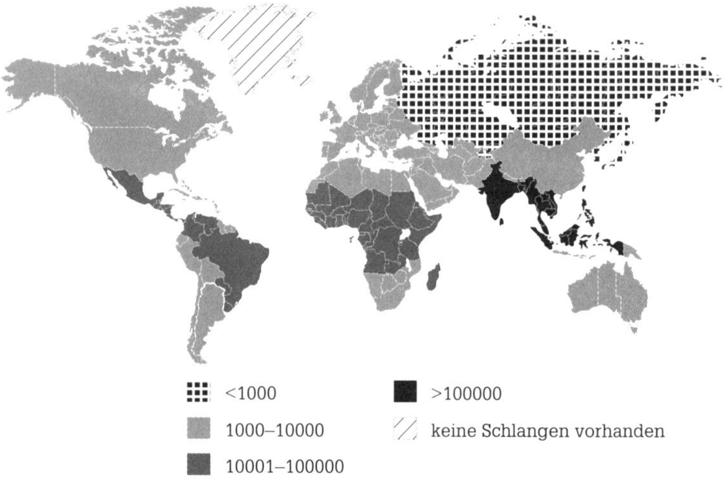

Würden Giftschlangen besser haushalten, sähe die Sache ganz anders aus. Die tödlichste Schlange der Welt, der Inlandtaipan, könnte mit einem einzigen Biss 1.085.000 Mäuse oder 289 Menschen töten. Die Schwarze Mamba kann das nicht halb so gut, hat aber ebenfalls gewaltiges Todespotenzial: 400.000 Mäuse oder 107 Menschen könnte sie mit einem Biss erledigen.

Nun ist ein Reisender beim Anblick eines bis 2,5 Meter langen Inlandtaipan in dessen natürlichem Lebensraum Australien sicher sehr zurückhaltend und vorsichtig. Was jedoch bei einer Begegnung mit einem bestenfalls fünf Zentimeter langen und farbenfrohen Baumsteigerfrosch in Südamerika nicht der Fall sein dürfte. Dumm nur, dass zu diesen Fröschen auch der Pfeilgiftfrosch zählt, der seinen Namen nicht von ungefähr trägt – die Indianer benutzten sein Gift für ihre Pfeilspitzen, damit jeder Schuss auch wirklich tödlich wirkte.

Muss der Inlandtaipan 0,01 Milligramm seines Giftes pro Kilogramm Körpergewicht des Opfers aufbringen, um eine sicher tödliche Wirkung zu erzielen, reichen dem Frosch 0,002 Milligramm pro Kilogramm. Und der muss nicht einmal sein Opfer beißen, sondern trägt sein Gift in der Haut und ist trotzdem fünfmal tödlicher als die giftigste Schlange der Welt.
Das Begrabschen fremder Frösche oder die Begegnung mit Riesenschlangen ist auf der Urlaubsreise jedoch bekanntlich wesentlich seltener und auch weniger begehrt als etwa das Bad in glasklarem Nass vor feinsandigen Stränden. Nur lauern gerade dort noch zwei Spezies, die sich zusammen mit dem Frosch den Titel der gefährlichsten beziehungsweise giftigsten Lebewesen der Welt teilen. Vor vielen pazifischen Stränden treibt die Qualle Chironex Fleckeri, die allein in Australien schon 100 Opfer gefunden haben soll. Weit verbreitet ist zudem die Krustenanemone, von deren Gift bereits 0,00015 Milligramm pro Kilogramm des Opfers tödlich wirken können – dummerweise findet sich die Anemone nicht nur in den Meeren. Zahlreiche urlaubende Aquaristen verlieben sich in das ansehnliche Wesen, sodass die tödliche Anemone auch in den heimatlichen Aquarien eingesetzt wird. Immer wieder wird von Unfällen berichtet, nach denen Meerwasseraquarianer – wenn sie Glück hatten – verletzt wurden oder lange Zeit im Koma lagen.

Die Kuh und du

Das ist Ihnen alles zu exotisch? Sie tauchen nicht in Südseeparadiesen und haben nichts für bunte Frösche übrig? Wie wäre es stattdessen mit etwas Cowboyromantik, einer Reise durch die USA vielleicht. Dort müssen Sie, wie Sie mittlerweile wissen, kaum Angst vor Haien haben, auch Grizzlybären sind nicht so gefährlich, wie sie aussehen. Pro Jahr kommt es nicht mal zu einer Handvoll Bärenattacken – es ist 45-mal wahrscheinlicher, von einem Hund gebissen zu werden.
Einen gewissen Gefallen am Töten von Menschen scheint in den USA dagegen eine eigentlich unverdächtige Tierart gefunden zu haben. Zwischen 2003 und 2008 sollen 108 Personen durch Kuhangriffe aus dem Leben geschieden sein. Diese niedlich-plumpen Tiere stießen Menschen zu Boden, trampelten auf ihnen herum oder rammten sie gegen Scheunentore.

Von wegen »der tut nix«: Durchschnittliche Zahl tödlicher Hundebisse zwischen 1998 und 2007 (je 1.000.000 Einwohner)

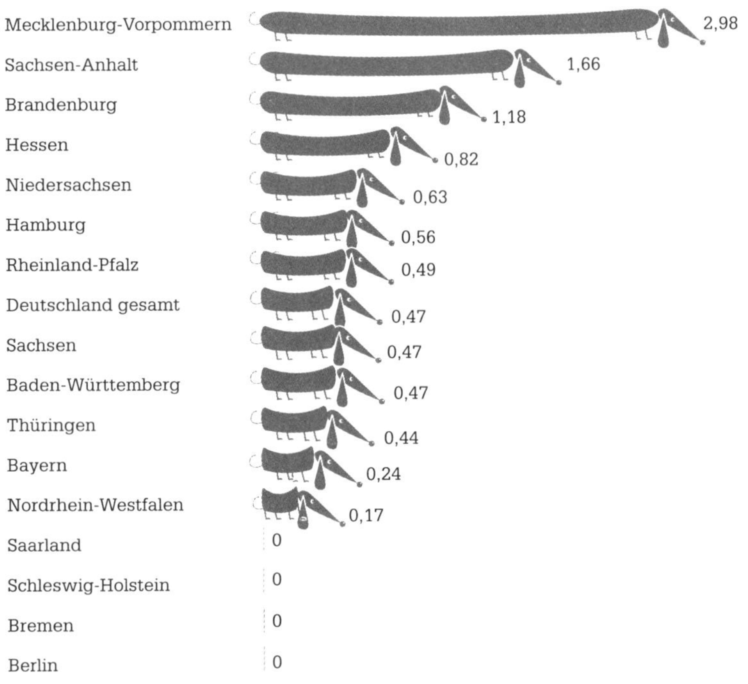

Das ist exakt die dreifache Anzahl an Todesopfern, die zwischen den Jahren 1580 und 2013 in den USA auf Haiangriffe zurückzuführen waren. 36 Tote durch Haie in 433 Jahren gegen 108 Tote durch Kühe in sechs Jahren – ein weiteres Indiz dafür, dass das Leben uns immer, überall und manchmal eben auch beim Anblick treudoof wirkender Wiederkäuer nach dem Leben trachtet.

Kapitel 9:

Sparen & Vermögen Geld macht auch nicht (un)glücklicher

Während sich der Tod durch einen Kuhangriff in den USA mit einer gewissen Häufigkeit eingestellt hat, bietet das Land der unbegrenzten Möglichkeiten an anderer Stelle ein großes Sicherheitsversprechen. Jedes Kind weiß: Am besten aufgehoben ist das mühsam erarbeitete Geld in Fort Knox. Das United States Bullion Depository in Kentucky, der Ort, an dem die Goldreserven der Vereinigten Staaten von Amerika lagern, gibt seit Jahrzehnten Anlass zu Spekulationen – der angenehmen Art: Noch nie ist jemand dort eingebrochen, so heißt es. Angeblich hat es noch nicht einmal jemand versucht. Überprüft hat das zwar auch niemand, denn nicht einmal der US-Präsident darf einen Blick in die Schatzkammern werfen. Sich darauf zu verlassen ist, statistisch gesehen, also ziemlich ungenau. Und doch erfreut sich mancher Bankkunde am Gefühl von Sicherheit à la Fort Knox.

Auf die Bank oder unter die Matratze?

Wahlweise liegt Ihr sauer verdientes Geld (vgl. Kapitel 5) auch auf der hiesigen Bank um die Ecke in guten Händen. Aber stimmt das? Das Risiko eines Banküberfalls ist jedenfalls gering. Das Bundeskriminalamt zählte 2012 lediglich 280 Überfälle auf Bankfilialen (von denen es etwa 37.000 in Deutschland gibt) – dass die Filiale in Ihrer Nachbarschaft überfallen wird, hat also eine Wahrscheinlichkeit von 1:132. Demgegenüber stehen mehr als 3000 Raubüberfälle in der eigenen Wohnung. Das klingt nach viel. Und doch ist die Wahrscheinlichkeit, dass ein Räuber vor der Tür steht, angesichts der Zahl von etwa 41 Millionen Haushalten in Deutschland geringer – sie liegt bei rund 1:13700. Da muss es nicht verwundern, dass jeder Fünfte sein Erspartes zu Hause im Sparschwein oder unter der Matratze aufbewahrt.

Die Kriminalstatistiken zeigen übrigens auch: Banker leben nicht eben ungefährlich. In der Filmgeschichte ist der Banküberfall ein Klassiker, und auch in der Zeitung sind Banküberfälle regelmäßig ein Thema. Und tatsächlich werden Bankangestellte auf der Arbeit angegriffen oder bedroht. Aber falls Sie in einer Bank arbeiten, trösten Sie sich: Anderswo ist es noch gefährlicher. Allein in Schulen und psychiatrischen Kliniken passiert noch häufiger etwas.

Banker leben gefährlich

Arbeitsunfälle durch Gewalt, Angriff und Bedrohung (2011)

	Meldepflichtige Unfälle			
	Gewalt, Angriff		Sonstige Unfälle	
	Anzahl	%	Anzahl	%
Banken, Sparkassen	128	3,3	979	1,3
Psychiatrische Krankenhäuser	229	6	1.277	1,6
Allgemeinbildende Schulen	261	6,8	2.909	3,7
Gartenanlagen, Tiergärten	91	2,4	335	0,4
Hilfeleistung im Einzelfall	207	5,4	307	0,4
Bahnbetriebe	359	9,4	4.896	6,3
Postbetriebe	545	14,3	7.325	9,4

Quelle: Deutsche Gesetzliche Unfallversicherung (DGUV)

Geld regiert halt die Welt, und auf der Bank gibt es viel mehr davon als anderswo (von Fort Knox einmal abgesehen). Aber wie viel davon gehört jedem Einzelnen persönlich? Wie steht es um das Vermögen, um das wir uns ständig sorgen und das Räuber und Erpresser von uns wollen, während wir uns jeden Tag dem Stress, den Mühen und Risiken des Arbeitsalltags aussetzen, um es zu verdienen? Die Deutsche Bundesbank findet das alle drei Monate für uns heraus.

Laut ihren Statistiken hat jeder Haushalt in Deutschland rund 195.000 Euro auf der hohen Kante – ein Geldvermögen von insgesamt mehr als fünf Billionen Euro. Klingt nach viel? Ist es auch! Und so können Sie jetzt anfangen, sich tüchtig Sorgen zu machen. Ist mein Geld sicher? Dieser Gedanke ist berechtigt, denn Sie haben hart für Ihr Geld gearbeitet – eine wundersame Selbstvermehrung durch kluge Geldgeschäfte ist in der Mehrzahl der Fälle nicht für eine hohe Zahl auf dem Kontoauszug verantwortlich. Mehr als zwei Billionen Euro – rund 40 Prozent ihres Vermögens – haben die Deutschen auf Sparbüchern und sonstigen Bankkonten liegen. Das fühlt sich nach einer sicheren Verwahrmethode an, doch hier gibt es naturgemäß nur sehr wenig Zinsen.

Auf der hohen Kante

Das meiste Geld der Deutschen liegt auf dem Sparbuch

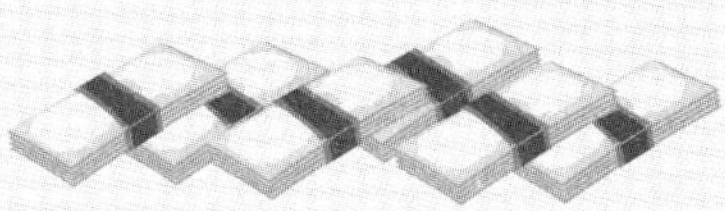

	Private Haushalte 2013		
Geldvermögen	1. Quartal	2. Quartal	3. Quartal
Bargeld und Einlagen	2.2023,0	2.040,9	2.052,1
festverzinsliche Wertpapiere Finanzderivate	231,7	221,9	220,0
Aktien	267,8	264,4	279,5
Sonstige Beteiligungen	199,6	196,9	196,4
Investmentzertifikate	435,0	430,8	439,7
Ansprüche gegenüber Versicherungen	1.500,5	1.517,4	1.529,8
Ansprüche aus Pensionsrückstellungen	310,2	313,3	316,2
Sonstige Forderungen	37,0	37,0	36,7
Insgesamt	**5.004,85**	**5.022,5**	**5.070,4**

Quelle: Bundesbank

Und so behaupten nicht wenige Finanzexperten: Es ist nicht der Bankräuber oder der Einbrecher, der die Jalousie hochstemmt und den Familienschmuck mitnimmt, der das größte Risiko für Ihr Geld darstellt. Der gefährlichste Räuber ist auch nicht die Inflation – die schleichende Geldentwertung, die dafür sorgt, dass die Teuerungsrate unser Erspartes immer ein Stück weniger wert sein lässt. Der größte Feind für ihr Vermögen sind die Deutschen selbst. Denn sie sparen nicht gegen die Inflation an, sodass ihr Geld unter dem Strich sogar an Wert verliert. In Aktien, die langfristig mehr aus dem Geld machen könnten, stecken die Deutschen gerade einmal knapp sechs Prozent ihres Vermögens. Keine gute Idee, wie der Blick nach Norden zeigt. So ist, statistisch betrachtet, zum Beispiel jeder Norweger – ob Obdachloser oder Firmeninhaber – auf dem Papier ein (Kronen-) Millionär. Denn das an Öl reiche Land steckt Gewinne aus dem Rohstoffhandel in einen Staatsfonds, der durch Kapitalmarkterträge mittlerweile der größte der Welt und so finanzschwer ist, dass pro Landeseinwohner mehr als eine Million enthalten ist. Bei den Deutschen dagegen ist die Methode Sparschwein beliebt – mitsamt ihren Risiken.

Geld macht krank

Und doch hat Ihr Bankberater recht, wenn er sagt: »Sie müssen ja auch noch ruhig schlafen können.« Denn von der Schlaflosigkeit, die das ungute Gefühl begleiten könnte, sein Geld nicht in Sicherheit zu wähnen, geht ein ungleich höheres Risiko aus als das, Geld zu verlieren. Studien von Schlafforschern haben gezeigt: Männer, die unter Schlaflosigkeit leiden, haben ein fünfmal so hohes Todesrisiko wie gute Schläfer. Möglicherweise gibt es da sogar einen Zusammenhang. Denn Männer legen Geld grundsätzlich risikofreudiger an als Frauen, sie stecken mehr Geld in Aktien und zocken auch mal gern. Frauen tragen ihr Geld dagegen weniger oft zur Börse und sind eher zurückhaltend. Es ist also wie beim Autofahren: Männer leben auf der Überholspur und fahren dabei durchaus mal an die Wand. Frauen gehen es gemächlicher an, kommen auch ans Ziel – und leben länger.

Und nicht nur langfristig schlägt ständiges Risiko die Gesundheit. Fallen die Kurse an der Börse, sind schon am selben Tag die Krankenhäuser voll, fanden US-Wissenschaftler heraus. Sie überprüften über einen Zeitraum von 30 Jahren den Zusammenhang zwischen Kursstürzen an der Börse und Patientendaten von Krankenhäusern. Und wirklich: Fallen die Kurse, nehmen die Krankenhausbesuche in den zwei folgenden Tagen zu. Die Angst malträtiert vor allem die Seele: Die Zahl psychischer Krankheiten wie

Angst- oder Panikzuständen oder Depression verdoppelte sich, fanden die Forscher heraus. Sie haben auch hochgerechnet, was schlechte Tage an der Börse das US-Gesundheitssystem kosten: 650 Millionen Dollar im Jahr.

Die reichsten Bürger der Welt

	Name	Vermögen in Mrd.	Alter	Firma/Branche	Land
1	Carlos Slim Helu & Familie	$73	74	Telekommunikation	Mexiko
2	Bill Gates	$67	58	Microsoft	USA
3	Amancio Ortega	$57	77	Zara	Spanien
4	Warren Buffett	$53.5	83	Berkshire Hathaway	USA
5	Larry Ellison	$43	69	Oracle	USA
6	Charles Koch	$34	78	verschiedene	USA
7	David Koch	$34	73	verschiedene	USA
8	Li Ka-shing	$31	85	verschiedene	Hongkong
9	Liliane Bettencourt & Familie	$30	91	L'Oreal	Frankreich
10	Bernard Arnault & Familie	$29	64	LVMH	Frankreich
11	Christy Walton & Familie	$28.2	59	Wal-Mart	USA
12	Stefan Persson	$28	66	H&M	Schweden
13	Michael Bloomberg	$27	72	Bloomberg LP	USA
14	Jim Walton	$26.7	66	Wal-Mart	USA
15	Sheldon Adelson	$26.5	80	Kasinos	USA
16	Alice Walton	$26.3	64	Wal-Mart	USA
17	S. Robson Walton	$26.1	70	Wal-Mart	USA
18	Karl Albrecht	$26	93	Aldi	Deutschland
19	Jeff Bezos	$25.2	50	Amazon.com	USA
20	Larry Page	$23	40	Google	USA

Quelle: Forbes.com

Für die Superreichen dieser Welt sind das natürlich nur Peanuts. Sie haben viele Billionen angehäuft. Sie wollen sich diesen vermeintlich Glücklichen nahe fühlen? Dann ab nach New York und London. Hier wohnen die meisten Menschen mit einem Vermögen von 30 Millionen US-Dollar und mehr – mit diesem Kontostand gilt man als superreich. Ihnen dagegen fehlt das Geld für den Flug über den Teich? Eine Reise mit dem Zug tut es auch. In Deutschland ist die Wahrscheinlichkeit in Düsseldorf und Hamburg am größten, einen der Superreichen zu treffen.

Immerhin: Bei den Millionären sieht es ein wenig besser aus. Auf Platz drei landet Deutschland hier, mit 1015 Dollarmillionären im Jahr 2012, wie die Unternehmensberatung Capgemini errechnet hat. Nur in den USA und in Japan wohnen demnach noch mehr derart Gutbetuchte. Sie sind 40 und haben Ihre erste Million immer noch nicht zusammen? Kein Grund zum Verzweifeln. Denn nur ein Fünftel aller Millionäre und Superreichen sind so jung. Aber Achtung: Vor Kummer und Sorgen schützt Vermögen nicht.

Money, money, money – wo die meisten Milliardäre wohnen

	2012	2022	Zuwachs
USA	543	1.101	103 %
China	154	483	214 %
Deutschland	149	300	101 %
Großbritannien	149	276	85 %
Indien	122	225	84 %
Brasilien	53	136	157 %
Russland	102	126	24 %
Hongkong	70	97	39 %
Indonesien	31	90	190 %
Schweiz	63	75	19 %

Quelle: Knight Frank Wealth Report

Hat man sein Geld erst einmal verdient, fangen die Sorgen sogar erst an. Oder denken Sie, die Reichen der Welt ziehen zum Spaß so hohe Mauern um ihre Villen und Anwesen?

Zwar kann man sich Unsterblichkeit nicht kaufen, aber doch macht Geld vieles leichter, wie diejenigen häufig sagen, die genug davon haben. Die Folge: Sie leben, statistisch gesehen, drei bis fünf Jahre länger, wenn Sie zu den oberen Zehntausend zählen. Denn keine Frage: Geldsorgen stressen – mehr als jeden vierten Deutschen und damit kaum weniger als die Krankheit eines nahestehenden Menschen (wie ein Drittel sagt).

Burn-out der Superreichen

Im Umkehrschluss aber macht Geld auch nicht unverwundbar. Schon längst ist wissenschaftlich belegt, dass viele Reiche unter einer Art Burnout des Reichseins leiden. Als zu Beginn des Jahrtausends der Internet- und Technologieboom in den USA zahlreiche Mittelklasseabkömmlinge in Jeans und Turnschuhen zu Millionären machte, prägten Psychiater einen neuen Begriff für das Phänomen, trotz oder wegen der Millionen auf dem Konto kein Ziel mehr im Leben zu haben: das »Sudden Wealth Syndrome«. Seine Folgen: Millionenschwere fühlen sich wertlos und entwickeln Angst- und Schuldgefühle sowie Depressionen. Auch Lottogewinner und Erben großer Vermögen sind betroffen. Es ist zwar nicht statistisch genau belegt, wie viele Menschen wirklich am »Sudden Wealth Syndrome« leiden, aber das Vermögen auf der Welt und die Zahl der Millionäre steigen. Wollen Sie wirklich so viel Geld haben?

Dazu kommen die üblichen, bekannten Gefahren. Wo Geld ist, sind auch die Gauner nicht weit. So gab es in der Vergangenheit immer wieder spektakuläre Entführungen reicher Menschen. Dabei sind es nur die wenigen prominenten Fälle, die in den Medien verbreitet werden. Etwa 80 Entführungen gibt es pro Jahr allein in Deutschland, und das ist noch wenig. Wenn Sie nicht gerade in Afrika oder in der Asien-Pazifik-Region unterwegs sind – hier ereignen sich mehr als die Hälfte aller weltweiten Entführungen, die meisten in Nigeria, Mexiko, Pakistan und dem Jemen –, haben Sie wenig zu befürchten. Wissenschaftler gehen weltweit von 12.000 bis 30.000 Kidnappings mit Lösegeldforderung aus. Ob Entführer heute noch Briefe mit ausgeschnittenen Zeitungsbuchstaben verschicken, ist unbekannt. Aber vor genau diesem Brief haben wir Angst. Dabei sollten uns – statistisch betrachtet – ganz andere Zahlen zu denken geben. Haben Sie zum Beispiel schon einmal Geld im Freundes- und Bekanntenkreis verliehen? Wenn man Umfragen glaubt, ist das keine gute Idee. So hat jeder dritte Deutsche schon einmal einen kleinen Kredit von 1000 Euro

New York, New York – im Big Apple wohnen die meisten Superreichen

%	2012	2022	Zuwachs
New York	7.580	10.306	36 %
London	6.015	8.202	36 %
Tokio	5.440	6.763	24 %
San Francisco	4.590	6.665	45 %
Los Angeles	4.520	6.075	34 %
Peking	2.285	5.262	130 %
Mumbai	2.105	4.988	137 %
Hongkong	3.205	4.780	49 %
São Paulo	1.880	4.566	143 %
Rio de Janeiro	1.740	4.285	146 %
Delhi	1.945	4.278	120 %
Mexico City	2.585	3.901	51 %
Osaka	2.970	3.813	28 %
Schanghai	1.415	3.704	162 %
Chicago	2.615	3.689	41 %
Paris	2.860	3.672	28 %
Houston	2.295	3.397	48 %
Washington, D. C.	2.395	3.188	33 %
Dallas	2.020	2.927	45 %
Toronto	1.765	2.367	34 %
Zürich	1.805	2.333	29 %
München	1.670	2.117	27 %
Singapur	1.345	1.930	43 %
Sydney	1.405	1.925	37 %
Düsseldorf	1.420	1.872	32 %
Hamburg	1.370	1.788	31 %
Genf	1.360	1.724	27 %
Melbourne	1.150	1.621	41 %
Frankfurt	1.220	1.562	28 %
Rom	1.130	1.351	20 %

Quelle: Knight Frank Wealth Report

oder mehr an Freunde gegeben – und jeder Sechste von ihnen hat es nie wiedergesehen. Etwa genauso viele Deutsche würden daher auf gar keinen Fall jemals Geld verleihen.

Sie werden immer mehr

Die Zahl der Millionäre wächst (Prognose)

	2013	2018
USA	13.216	18.618
Frankreich	2.211	3.224
Großbritannien	1.529	2.377
Deutschland	1.735	2.537
Brasilien	221	407
Korea	251	449
Mexiko	186	273
Singapur	174	235
Indonesien	123	194
Russland	84	133
Hongkong	103	168
Türkei	102	158
Polen	45	85
Malaysia	38	67
Chile	54	86
Afrika	90	163
Asiatisch-Pazifischer Raum	5.266	9.074
China	1.123	2.112
Europa	10.236	15.027
Indien	182	302
Lateinamerika	569	936
Nordamerika	14.213	20.001
Welt	31.680	47.614

Quelle: Credit Suisse

Angst vor der Technik

Ronald Biggs, der legendäre Posträuber, fragte damals – ganz unbritisch – nicht höflich nach. Er nahm sich die 2,6 Millionen Pfund einfach und floh nach Südamerika. Heute ticken die Uhren anders. Die Summe, die Biggs mit seinen Komplizen aus einem Postzug erbeutete, verblasst gegen den möglicherweise größten Bankraub aller Zeiten. Eine Bande von Cyberkriminellen erbeutete 2013 mit gefälschten Kredit- und Kontokarten rund 34 Millionen Euro. Ein Hackerteam klaute die Daten, und innerhalb von Stunden hoben Komplizen auf der ganzen Welt Geld ab. Es sind solche Fälle, die uns Angst vor der modernen Technik machen. Und so verzichtet in Deutschland jeder dritte Bankkunde (30 Prozent) auf Onlinebanking, weil er Angst vor Betrug hat. Und nicht einmal jeder Zweite ist überhaupt bereit, Geldgeschäfte am Computer zu erledigen – nur 45 Prozent aller Deutschen nutzen Onlinebanking. In der Tat stellt der Missbrauch von Bank- und Kreditkartendaten per Computer den größten Batzen in der Cybercrimestatistik in Deutschland dar: Zuletzt registrierten die Behörden 45.000 Fälle.

Auch vor dem Einsatz moderner Technik durch IT-Trickbetrüger am Geldautomaten fürchten wir uns. Dabei steht die Bedrohung durch den konventionellen Handtaschenraub dem in nichts nach: Wenn wir zum Geldautomaten gehen, haben die meisten von uns noch 10 bis 50 Euro im Portemonnaie. Im Schnitt heben wir 215 Euro am Geldautomaten ab, die meisten alle zwei Wochen – macht also ein prall gefülltes Portemonnaie. Wohl dem, der dann nicht in einen der jährlich etwa 3400 (monatlich also 283) Handtaschenraube verwickelt wird. Dagegen klingt das Ausspähen von Daten am Geldautomat – auch »Skimming« genannt – mit 856 Fällen an den rund 60.000 Geldautomaten im Jahr deutlich weniger bedrohlich. Selbst die Wahrscheinlichkeit, dass Sie im Geschäft einen gefälschten Geldschein zurückbekommen, ist größer: Rund 60.000 falsche Scheine (vor allem 20-Euro-Noten) und 52.000 falsche Münzen (vor allem 2-Euro-Stücke) stoppten die Behörden im Jahr 2011 – im Nennwert von 6,5 Millionen. Von der Dunkelziffer mal ganz zu schweigen, waren also so viele falsche Scheine im Umlauf, wie es Geldautomaten gibt.

Arm, überschuldet, pleite – am Ende

Schön, wenn Sie überhaupt Geld in der Tasche haben. Ob Klamottenshopping, Restaurantbesuche oder Urlaub: Jeder Vierte lebt über seine Verhältnisse – er gibt also Monat für Monat mehr Geld aus, als er eigent-

Armes Europa

Armutsrisiko in der EU nach Ländern

	Prozent der gesamten Bevölkerung	In Millionen
EU	24,8	124,5
Belgien	21,6	2,4
Bulgarien	49,3	3,6
Dänemark	19	1,1
Deutschland	19,6	15,9
Estland	23,4	0,3
Frankreich	19,1	11,8
Griechenland	34,6	3,8
Großbritannien	24,1	15,1
Finnland	17,2	0,9
Italien	29,9	18,2
Kroatien	32,3	1,4
Lettland	36,6	0,7
Litauen	32,5	1
Luxemburg	18,4	0,1
Malta	22,2	0,1
Niederlande	15	2,5
Norwegen	13,8	0,7
Polen	26,7	10,1
Portugal	25,3	2,7
Rumänien	41,7	8,9
Schweiz	17,5	1,3
Slowenien	19,6	0,4
Slowakei	20,5	1,1
Spanien	28,2	13,1
Tschechien	15,4	1,6
Ungarn	32,4	3,2
Zypern	27,1	0,2

Quelle: Eurostat

lich im Portemonnaie hat. Eine kleine, lässige Sünde, das Gefühl kennt jeder. Aber dann? Das größte Risiko für Wohlstand und Vermögen ist die Armut. Bei 1:4 liegt das Risiko in der Europäischen Union, unter die Armutsgrenze zu fallen. Jeder Zehnte kann seine Rechnungen nicht pünktlich bezahlen, die Wohnung nicht ausreichend heizen, kann im Sommer nicht einmal eine Woche in den Urlaub fahren oder sich einen Farbfernseher, einen Computer oder ein Telefon leisten. In Deutschland wird das Risiko, sich all das nicht leisten zu können, auf 1:20 beziffert.

Der letzte Weg führt dann in Überschuldung und Pleite. Seit Jahren müssen in Deutschland jedes Jahr rund 100.000 Menschen Privatinsolvenz anmelden. Jeder zwölfte Haushalt ist überschuldet und kann langfristig seine Rechnungen nicht bezahlen. In einem durchschnittlichen Fußballstadion mit 30.000 Plätzen sitzen oder stehen also fast 3000 Menschen, die kaum wissen, wovon sie eine Bratwurst oder ein Bier bezahlen sollen.

Vor allem in Duisburg, Dortmund und Berlin ist die Quote hoch. Etwa jeder Siebte ist in diesen Großstädten überschuldet. Noch schlimmer sieht es in einigen mittelgroßen Städten aus.

Über die Verhältnisse gelebt

So viele Deutsche sind überschuldet

	Einwohner	> 18 Jahre	Schuldner	Schuldner-quote-
2004	82,50 Mio.	67,13 Mio.	6,54 Mio.	9,74 %
2005	82,44 Mio.	67,30 Mio.	7,02 Mio.	10,43 %
2006	82,31 Mio.	67,29 Mio.	7,19 Mio.	10,68 %
2007	82,22 Mio.	67,63 Mio.	7,34 Mio.	10,85 %
2008	82,00 Mio.	67,97 Mio.	6,87 Mio.	10,11 %
2009	81,80 Mio.	68,12 Mio.	6,19 Mio.	9,09 %
2010	81,68 Mio.	68,26 Mio.	6,49 Mio.	9,50 %
2011	80,33 Mio.	68,26 Mio.	6,41 Mio.	9,38 %
2012	80,52 Mio.	68,31 Mio.	6,59 Mio.	9,65 %
2013	80,16 Mio.	67,13 Mio.	6,58 Mio.	9,81 %

Quelle: Creditreform

Doch auch wenn die Zahlen auf dem Konto stimmen: Zufriedenheit findet man offenbar in sich selbst – und nicht mit einem Blick auf den Kontoauszug. Denn werden die Deutschen gefragt, wer reich ist, zeigen sie immer mit dem Finger auf die anderen – egal, wie viel sie auf der hohen Kante haben. Reich ist man mit brutto 7669 Euro im Monat – das sagen diejenigen, die bis zu 1190 Euro im Monat zur Verfügung haben. Doch schon wer bis zu 2839 Euro netto verdient, findet: Reichtum fängt bei einem Monatsbrutto von 10.212 Euro an. Und wer mehr als 2840 Euro verdient, der meint, reich sei man ab einem Bruttogehalt von 11.850 pro Monat. Es kann eben nie genug sein.

Kein Geld im Portmonee

Die Städte mit den höchsten Schuldnerquoten

Stadt	Schuldnerquote in %							
	2006	2007	2008	2009	2010	2011	2012	2013
Bremerhaven	20,68	20,11	19,05	17,81	18,46	18,06	18,32	19,84
Offenbach a. M.	18,93	20,91	19,36	16,03	16,68	16,93	17,30	18,61
Wuppertal	17,81	18,82	18,82	17,90	17,80	17,87	18,09	17,89
Pirmasens	18,34	18,38	17,41	16,27	17,14	17,50	18,00	17,73
Halle (Saale)	18,41	19,62	17,64	15,58	16,29	16,17	16,94	17,57
Neumünster	16,60	17,41	16,44	14,86	15,81	15,61	16,65	16,61
Flensburg	18,65	19,02	17,01	14,81	14,92	14,58	14,92	16,41
Kassel	16,01	16,50	16,03	15,09	15,79	15,84	16,07	16,32
Gelsenkirchen	16,24	16,87	16,71	14,52	15,41	15,43	16,24	16,23
Wilhelmshaven	16,81	16,92	16,24	14,42	15,29	15,14	15,50	16,22

Quelle: Creditreform

Benjamin Franklin sagte einst: »Nichts in dieser Welt ist sicher außer dem Tod und den Steuern.« Lukrativ ist somit auch das Geschäft mit dem Lebensende, denn umsonst ist heute bekanntlich nicht einmal mehr der Tod. In Deutschland wird angesichts der alternden Bevölkerung auch immer mehr gestorben. Und doch sind die Zeiten sprudelnder Gewinne mit dem

Tod vorbei. Selbst die Bestatter haben heute zu kämpfen – die Umsätze pro Unternehmen sind langfristig gesunken. Man kann sich halt einfach auf fast nichts mehr verlassen. Nur eines ist sicher: Der Tod kommt – bestimmt. Und zwar übrigens mit sehr hoher Wahrscheinlichkeit an Ihrem Geburtstag, wie Schweizer Forscher herausfanden: Am Geburtstag ist die Todeswahrscheinlichkeit um 14 Prozent höher als an jedem anderen Tag. Selbstmorde, Unfälle, Stürze, Vergiftungen sind die Ursachen. So ist der Kreislauf des Lebens.

Kapitel 10:

Lebensabend
Das Tödlichste kommt zum Schluss

Machen wir uns nichts vor: Manche Statistik der tödlichen Gefahren und Risiken unseres Lebens wirkt vielleicht kurios – aber irgendwann erwischt es uns wirklich. Am Ende unseres Lebens sind wir immer und ausnahmslos tot. Immerhin hat es der moderne Mensch trotz aller Unwägbarkeiten des Alltags geschafft, seine Lebensspanne im Laufe der Geschichte auszudehnen. Ende des 19. Jahrhunderts konnte ein 60-jähriger männlicher Deutscher darauf hoffen, dass er durchschnittlich noch 12,1 Lebensjahre vor sich hat. Im Jahr 2010 dagegen lebte ein 60-Jähriger im Schnitt noch 21,2 weitere Jahre – 2060 werden es sogar 26,6 Jahre sein. Der Durchschnittsdeutsche stirbt dann also erst mit fast 87 Jahren. Das gilt für Männer. Bei Frauen gibt es ebenfalls einen Anstieg der Lebenserwartung, sie werden jedoch ohnehin älter als Männer.

Die Sicherheit der 60-Jährigen

Ein im Jahr 2010 geborener Junge hat eine Lebenserwartung von 77 Jahren und 4 Monaten, ein Mädchen 82 Jahre und 6 Monate.
Was zu der Frage führt: Warum schafft ein 60-jähriger Mann im Jahr 2010 noch weitere 21,2 Jahre und verstirbt erst mit gut 81, während ein neugeborener Junge im Schnitt nur 77 wird?
Die Antwort darauf sollte dieses Buch bis zu diesem Punkt gegeben haben: Der Sechzigjährige hat schon viele Lebensgefahren umschifft – er ist nicht als junger Autofahrer umgekommen, ist nicht kopfüber in zu flache Tümpel gesprungen und hat wohl auch keinen Giftfrosch in die Hände bekommen. Mittlerweile ist er so abgeklärt, dass er viele einmal gemachte Fehler nicht mehr wiederholt und sich damit relativ sicher durch den Herbst seines Lebens bewegt.
Der neugeborene Junge hat zwar einerseits beste Voraussetzungen für ein langes Leben: Er kann auf Ergebnisse modernster Forschungen vertrauen und auf ein ausgefeiltes Gesundheitssystem. Mutti ernährt ihn mit ausge-

suchter Babynahrung, steigt er später in ein Auto, dann schützen ihn Airbags vor schlimmsten Verletzungen.

Auf der anderen Seite hat er jedoch ein Leben vor sich, in dem alles erst mal neu für ihn ist. Läuft er dem Ball auf die Straße hinterher? Will er unbedingt ungesichert eine Bergwand erklimmen oder legt er sich als Ju-

Alter!

Entwicklung der Lebenserwartung

Alter (Geburtsjahr)	männlich	weiblich
0 Jahre (2009)	86,38	90,68
30 Jahre (1979)	53,66	58,24
40 Jahre (1969)	42,79	47,34
50 Jahre (1959)	32,38	36,76
60 Jahre (1947)	22,91	26,73
70 Jahre (1939)	14,62	17,36
80 Jahre (1929)	8,14	9,41

	Lebenserwartung bei Geburt	
Geburtsjahr	männlich	weiblich
1909	51,58	58,30
1919	56,33	63,65
1929	63,25	71,19
1939	68,69	76,35
1949	72,28	78,97
1959	75,92	82,14
1969	78,84	84,56
1979	81,40	86,64
1989	83,51	88,34
1999	85,09	89,63
2009	86,38	90,68

gendlicher mit den falschen Leuten an? All das sind Unsicherheitsfaktoren, die ihn in Hinblick auf die Länge seines Lebens vorerst hinter den älteren Herren herhinken lassen. Trotzdem hat auch er weit bessere Chancen als ein Neugeborener am Ende des 19. Jahrhunderts. Damals war schon nach der Hälfte der heute erwarteten Lebenszeit Schluss, die Lebenserwartung eines Babys betrug gerade einmal 35 Jahre und 7 Monate.

Damals wie heute gilt in Deutschland wie schon erwähnt: Frauen leben länger als Männer. Was übrigens kein nationales Phänomen ist, sondern an den meisten Orten der Welt seine Gültigkeit hat. In 186 von 191 Staaten weltweit hauchen Männer früher ihr Leben aus. Beträgt die Differenz der Lebenserwartung bei uns fünf bis knapp sechs Jahre, sind es in Russland sogar 13 Jahre. Regionen, die dieses Prinzip umkehren, finden sich vornehmlich in Afrika – hier sterben überdurchschnittlich viele Frauen während der Schwangerschaft oder bei der Geburt eines Kindes.

Die Gründe für das weltweit längere Überleben des weiblichen Geschlechts sind noch nicht hundertprozentig erforscht. Vermutet werden jedoch einerseits biologische Gründe, außerdem setzen sich Frauen nicht so oft tödlichen Risiken aus wie Männer.

Selbstmord ist Männersache

Auf der anderen Seite sind es gerade Männer, die gern selber eine Sache in die Hand nehmen. Sie warten daher auch überdurchschnittlich häufig nicht darauf, dass etwas oder jemand sie tötet, sondern bestimmen den Zeitpunkt ihres Ablebens selbst. Soll heißen: Die Suizidrate von Männern ist deutlich höher als die von Frauen. Männer setzen ihrem Leben doppelt so oft wie Frauen selbst ein Ende.

Insgesamt geht die Weltgesundheitsorganisation von 1 Million Suizidfällen jährlich auf dem gesamten Globus aus. Dabei handelt es sich aber allein um die Fälle, die tatsächlich mit dem Tod enden – die Zahl der Versuche wird 10- bis 20-mal höher eingeschätzt.

In Europa begingen nach Zahlen der EU-Kommission allein im Jahr 2005 rund 58.000 Menschen Selbstmord. Damit fordern Suizide mehr Opfer als der Verkehr (50.700 Tote) plus die Gewaltverbrechen, denen 2005 in Europa 5350 Menschen zum Opfer fielen. Besonders hoch ist die Selbst-

mordrate in Weißrussland: Hier kommen auf 100.000 Einwohner 35,1 Suizide, die Griechen überlassen ihr Ableben dagegen wesentlich häufiger äußeren Umstanden – dort kommen auf 100.000 Einwohner nur 2,8 Selbstmorde.
Deutschland liegt, wie bei so vielen internationalen Statistiken, mal wieder in der Mitte. Im Jahr 2011 begingen hier 10.144 Menschen Selbstmord, das sind 12,4 von 100.000 Einwohnern. Was wiederum fast der dreifachen Zahl der 3606 Menschen entspricht, die im Jahr 2012 als Verkehrstote gezählt wurden.

**Männer sind so verletzlich:
Selbstmorde in Deutschland 1980 bis 2011**

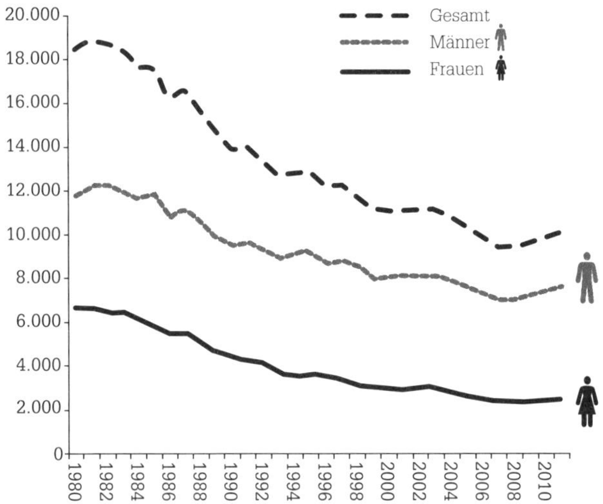

Doch obwohl Männer häufiger durch Selbstmord sterben, sind es vor allem junge Frauen, bei denen Selbstmordversuche bemerkt werden. Unter den 15- bis 24-jährigen Frauen liegt die Zahl der Selbstmordversuche nach Schätzungen bei 300 je 100.000 Einwohner. Allerdings geht es dabei überwiegend um Selbstverletzungen als eine Form des Hilferufs, während die

Mit dem Strick am Hals: Suizide in Deutschland nach Todesursachen

2004

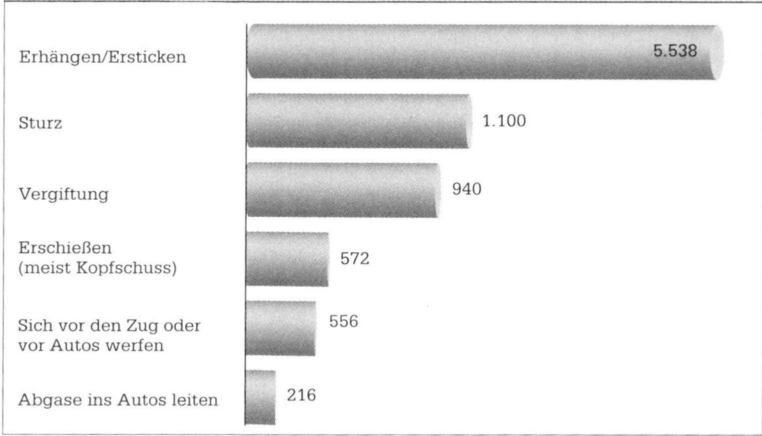

Männliche Selbstmordraten nach Ländern

pro 100.000 Männer

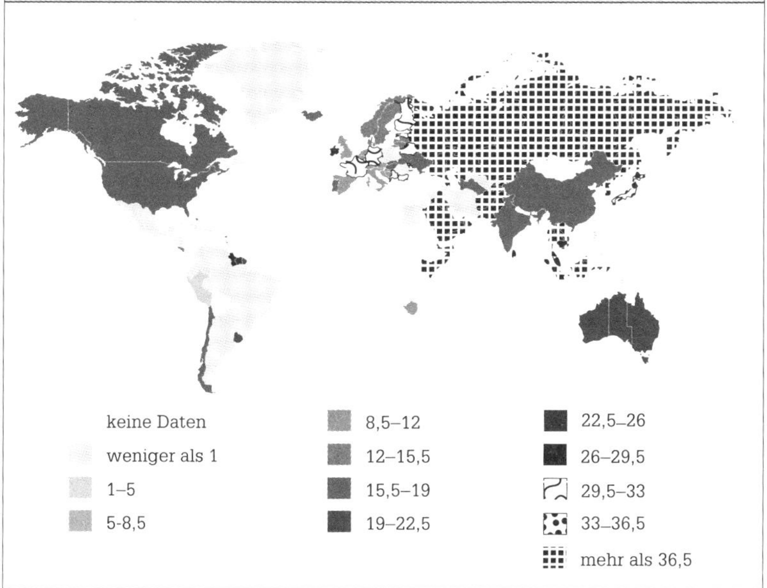

älteren Generationen die Sache mit dem Wunsch nach wirklichem Erfolg angehen. Lag 2007 die Suizidrate von Männern im Alter von 20 bis 24 Jahren bei 12–13 je 100.000 Einwohner, waren es bei Männern im Alter über 85 Jahren fast 70 je 100.000.

Insgesamt haben Selbsttötungen damit einen nicht zu vernachlässigenden Anteil an den Todesursachen des Menschen. Allerdings zählen sie statistisch zu den nichtnatürlichen Todesursachen, ebenso wie Vergiftungen oder Unfälle. Mit 32.988 hatte diese Gruppe der nicht natürlichen Todesfälle im Jahr 2011 einen Anteil von 3,9 Prozent an der Gesamtzahl der Todesfälle – und 31 Prozent davon gingen auf das Konto von Selbsttötungen. Insgesamt verließen in jenem Jahr 852.328 Deutsche ihre sterbliche Hülle. Mehr als die Hälfte dieser Fälle ging auf das Konto von Herz- und Kreislauferkrankungen. Diese forderten 342.233 Opfer und machten damit 40,2 Prozent der Todesursachen aus. In der Gruppe der Menschen ab 65 Jahren lag der Anteil sogar bei 92 Prozent. Allein der Herzinfarkt, der zu dieser Krankheitsgruppe zählt, brachte 55.286 Menschen um. Auf Platz zwei der Todesursachen folgen Krebsleiden: Sie brachten 221.591 Menschen ins Grab.

Woran Menschen sterben, das hängt aber auch davon ab, wo genau sie leben und wie wohlhabend sie sind. So leben auf der Welt 1,9 Milliarden Teenager – 1,4 Millionen von ihnen sterben jedes Jahr, häufig in armen Regionen und dort überproportional oft durch Gewalt, Aids und andere Infektionskrankheiten. Laut UNICEF sind etwa 2,2 Millionen dieser Heranwachsenden mit Aids infiziert.

Noch größer ist auch heute noch das Problem Hunger: Laut UNICEF liegt der Anteil untergewichtiger Mädchen in Indien bei 47 Prozent. In Ländern wie Bangladesch, Niger, dem Senegal oder Namibia gilt das für immerhin noch ein Drittel aller weiblichen Teenager. Die Liste der häufigsten Todesursachen liest sich daher auch je nach Region der Welt deutlich unterschiedlich. Stehen in den sogenannten wohlhabenden Nationen zu hoher Blutdruck, Takakgenuss, Übergewicht oder auch körperliche Inaktivität auf den oberen Plätzen, sind die Lebensgefahren in armen Ländern überwiegend andere:

An der Spitze der tödlichen Risiken findet sich dort das Untergewicht von Kindern mit zwei Millionen Toten. Auf dem zweiten Platz folgt zwar

Auf Herz und Nieren: Woran wir wirklich sterben

Häufigste Todesursachen nach Alter im Jahr 2011

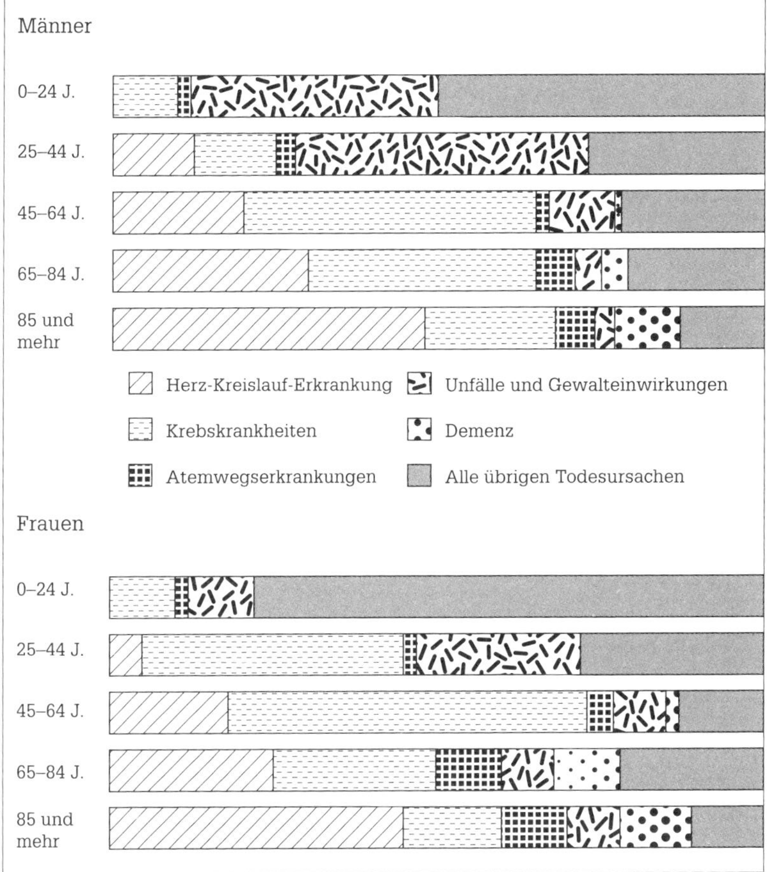

auch dort das Thema Bluthochdruck, allerdings dicht gefolgt von ungeschütztem Sex, dessen Folgen wie Aids jährlich 1,7 Millionen Todesopfer fordern. Den vierten Platz belegt eine Problemgruppe, die Menschen in Industrienationen längst vergessen haben: Unsauberes Wasser, schlechte Hygiene und mangelnde Sanitäreinrichtungen sind verantwortlich für jährlich 1,6 Millionen Todesfälle.

Todesursachen nach Einkommen weltweit

Risikofaktor	Tote (in Mio.)	Prozent der Gesamtmenge
Hoher Blutdruck	7,5	12,8
Tabakkonsum	5,1	8,7
Hoher Blutzuckerspiegel	3,4	5,8
Bewegungsmangel	3,2	5,5
Übergewicht und Adipositas	2,8	4,8
Hoher Cholesterinwert	2,6	4,5
Ungeschützter Geschlechtsverkehr	2,4	4,0
Alkohol	2,3	3,8
Untergewicht bei Kindern	2,2	3,8
Abgase von Brennstoffen (innen)	2,0	3,3

Todesursachen in Ländern mit geringerem Einkommen weltweit

Risikofaktor	Tote (in Mio.)	Prozent der Gesamtmenge
Untergewicht bei Kindern	2,0	7,8
Hoher Blutdruck	2,0	7,5
Ungeschützter Geschlechtsverkehr	1,7	6,6
Verunreinigtes Wasser / fehlende Hygiene	1,6	6,1
Hoher Blutzuckerspiegel	1,3	4,9
Abgase von Brennstoffen (innen)	1,3	4,8
Tabakkonsum	1,0	3,9
Bewegungsmangel	1,0	3,8
Falsches Stillen	1,0	3,7
Hoher Cholesterinwert	0,9	3,4

Todesursachen in Ländern mit mittlerem Einkommen weltweit

Risikofaktor	Tote (in Mio.)	Prozent der Gesamtmenge
Hoher Blutdruck	4,2	17,2
Tabakkonsum	2,6	10,8
Übergewicht und Adipositas	1,6	6,7
Bewegungsmangel	1,6	6,6
Alkohol	1,6	6,4
Hoher Blutzuckerspiegel	1,5	6,3
Hoher Cholesterinwert	1,3	5,2
Geringer Verzehr von Obst und Gemüse	0,9	3,9
Abgase von Brennstoffen (innen)	0,7	2,8
Städtische Luftverschmutzung	0,7	2,8

Todesursachen in Ländern mit hohem Einkommen weltweit

Risikofaktor	Tote (in Mio.)	Prozent der Gesamtmenge
Tabakkonsum	1,5	17,9
Hoher Blutdruck	1,4	16,8
Übergewicht und Adipositas	0,7	8,4
Bewegungsmangel	0,6	7,7
Hoher Blutzuckerspiegel	0,6	7,0
Hoher Cholesterinwert	0,5	5,8
Geringer Verzehr von Obst und Gemüse	0,2	2,5
Städtische Luftverschmutzung	0,2	2,5
Alkohol	0,1	1,6
Berufsbezogene Risiken	0,1	1,1

Tot – aber nicht ganz

Aber wie auch immer: Am Ende sind wir alle tot. Oder?

Immer wieder wird von Fällen berichtet, in denen Menschen für tot erklärt wurden, obwohl sie es nicht waren. Rechtsmediziner schätzen die Zahl derer, die für tot erklärt werden, obwohl sie noch leben, in Deutschland jährlich auf 10. Doch auch solche Fehler enden durchweg tödlich, weil der Scheintote spätestens dann stirbt, wenn er in seinem Sarg begraben unter der Erde liegt. – Was allerdings bis heute ein großer Teil der Menschen nicht wahrhaben will, selbst wenn längst die Beerdigungen di-

verser Großeltern und Bekannter besucht wurden. Nach Umfragen glauben rund 48 Prozent an ein Weiterleben nach dem Tod.
Meist geht das einher mit religiösen Überzeugungen. In jüngster Zeit gewinnen aber auch Themen wie die Wiederkehr des Menschen als untote Kreatur an Raum. Vor allem Zombies, also mehr oder minder lebendige Körper Verstorbener mit reichlich ramponiertem Äußeren und einer gewissen Hirnlosigkeit, beschäftigen mittlerweile sogar Regierungsorganisationen. So soll es im Jahr 2011 bei der US-amerikanischen Gesundheitsbehörde Center for Disease Control and Prevention (CDC) zumindest Planspiele zur Vorbereitung auf eine sogenannte Zombie Apocalypse gegeben haben. Auf Haiti ist das Thema Zombie sogar fester Teil der Kultur, fast jeder dort glaubt an die Existenz der lebenden Toten. Aber da Sie in dieser Sekunde ohnehin noch leben, obwohl das statistisch ja fast ein Ding der Unmöglichkeit ist, sollten Sie sich besser daran erfreuen und Ihr Leben genießen, als darauf zu warten, irgendwann nach Ihrem Tod grunzend und schlurfend auf der Suche nach Aas aus dem Grab zurückzukehren.

Eine letzte Blitzmeldung

Bleibt eigentlich nur noch eine Sache zu klären: Warum sind denn nun Kugelschreiber gefährlicher als Blitze? Die Antwort lautet: weil das nun mal so ist. Funkentladungen zwischen Wolken und Erde – also Blitze – gibt es eigentlich ständig. In diesem wie in jedem anderen Augenblick finden weltweit 2000 bis 3000 Gewitter statt, täglich summiert sich das zu 10

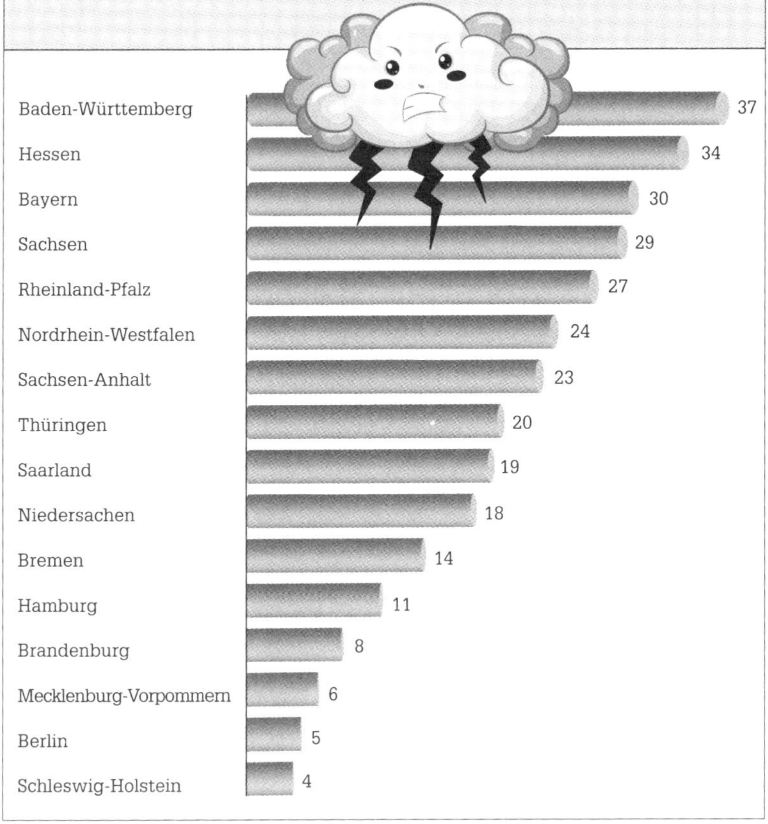

Dann hat es Rumms gemacht: Wo der Blitz in Deutschland einschlägt (Zahl der Blitzeinschläge auf 10 Quadratkilometer von Januar bis Juli)

bis 30 Millionen Blitzen, was wiederum 100 Blitzen in jeder Sekunde entspricht. Doch von diesen Blitzen erreichen nur zehn Prozent überhaupt den Boden, und vor allem in entwickelten Ländern sind sie als Gefahr fast zu vernachlässigen.

Im 19. Jahrhundert wurden in Deutschland jährlich noch rund 300 Menschen durch Blitze getötet. Damals arbeitete man häufig im Freien, auf den Feldern. Heute dagegen sitzt der Mensch im Büro oder Auto, ist dort ohnehin gut geschützt – Gebäude ohne Blitzableiter sind äußerst selten. Kommt es doch einmal zu einem Kontakt zwischen Blitz und Mensch, ist das längst nicht so gefährlich, wie häufig vermutet wird. In neun von zehn Fällen überlebt der Mensch den Blitzeinschlag. Die Zahl derer, die in Deutschland pro Jahr durch einen Blitz sterben, beträgt im Schnitt 4 – bei einer Gesamteinwohnerzahl von 80 Millionen. Das bedeutet: Die Wahrscheinlichkeit eines Todes infolge einer Herzkrankheit liegt bei 1:400, die eines Krebstodes bei 1:600 – die eines Todes durch Blitzeinwirkung bei 1:20.000.000. Noch mal zum Mitsprechen: eins zu 20 Millionen!

Womit wir wieder beim Kugelschreiber sind, der durch gedankenloses Rumgenuckel allein in Deutschland jedes Jahr zwischen 100 und 300 Todesopfer fordert. Nimmt man nur den geringeren Wert an, dann sterben auf diese Weise 25-mal mehr Menschen als durch Blitze.

Also besser die unscheinbare Todesmaschine auf dem Schreibtisch ab sofort mit anderen Augen sehen. Es wäre ja schade, wenn Sie darauf herumkauen, während ein Gewittergrollen Sie dermaßen erschreckt, dass Sie überrascht einatmen und die Kugelschreiberkappe Ihre Atemwege versperrt. Schließlich gibt es so viele andere Möglichkeiten der Lebensverkürzung.

Quellen

http://plus.maths.org/content/os/issue55/features/risk/index

http://micromorts.org/tutorial2.aspx?AspxAutoDetectCookieSupport=1

http://micromorts.org/

http://understandinguncertainty.org/microlives

https://www.destatis.de/DE/ZahlenFakten/GesellschaftStaat/Bevoelkerung/Ehescheidungen/Ehescheidungen.html

http://www.berlin-institut.org/online-handbuchdemografie/bevoelkerungsdynamik/faktoren/sterblichkeit.html

http://www.hojas.co.at/Gruppen/wissen/blacksite.htm#aussergew

https://www.destatis.de/DE/Publikationen/Thematisch/Bevoelkerung/HaushalteMikrozensus/BroschuereFrauenMaenner0010013109001.pdf?__blob=publicationFile

http://ef-magazin.de/2010/10/30/2635-aktuelle-nachricht--statistik-lebensrisiko-terrorismus

http://www.berlin-institut.org/online-handbuchdemografie/bevoelkerungsdynamik/faktoren/fertilitaet.html

http://www.zeit.de/online/2008/27/frauen-leben-laenger

https://www.destatis.de/DE/PresseService/Presse/Pressemitteilungen/2012/12/PD12_425_232.html

https://www.destatis.de/DE/Publikationen/WirtschaftStatistik/Gesundheitswesen/AktuellSuizid.pdf?__blob=publicationFile

http://www.oecd-nea.org/ndd/reports/2010/nea6862-comparing-risks.pdf

http://www.nsc.org/news_resources/injury_and_death_statistics/Documents/Report%202011-Sep_2012_9%2011%202012.pdf

http://www.who.int/healthinfo/global_burden_disease/GlobalHealthRisks_report_part2.pdf

http://www.kapstadt.de/business/wirtschaft-politik-gesetze/kriminalitaetstatistik-suedafrika

http://www.taz.de/!116432/

http://de.wikipedia.org/wiki/DALY

http://www.bild.de/reise/2013/urlaub/gefahren-im-urlaub-haie-und-kokosnuesse-30292168.bild.html

http://diepresse.com/home/science/445894/

http://www.faz.net/aktuell/reise/haiangriffe-kokosnuesse-sind-gefaehrlicher-173969.html

http://www.zeit.de/2003/47/Urlaubsgefahren

http://www.welt.de/reise/article112771586/Das-sind-die-gefaehrlichsten-Laender-der-Welt.html

http://www.focus.de/reisen/service/wo-das-reisen-richtig-riskant-ist-das-sind-die-gefaehrlichsten-laender-der-welt-_aid_895230.html

http://www.focus.de/reisen/service/weltkarte-des-sicheren-reisens-wo-kann-man-angstfrei-urlaub-machen_aid_459935.html

http://www.focus.de/reisen/service/tid-16229/reisesicherheit-wo-urlaub-besonders-gefaehrlich-ist_aid_454720.html

http://www.controlrisks.com/Pages/Home.aspx

http://www.fr-online.de/reise/-risk-map-2013-riskante-reiseziele-weltweit,1472792,21460498.html

http://www.hp-praxis.com/40978/41582.html?*session*id*key*=*session*id*val*

http://www.wildlife-safari-afrika.de/afrika-urlaub.php

http://www.rki.de/DE/Content/Infekt/EpidBull/Archiv/2013/Ausgaben/43_13.pdf?__blob=publicationFile

http://www.n-tv.de/reise/Im-Urlaub-vor-Infektion-schuetzen-article3778786.html

http://www.faszination-kanada.com/kanada-entdecken/wildlife-natur/verhaltensregeln-bei-baerenkontakt/

http://www.berliner-zeitung.de/archiv/kanada-liebt-seine-baeren--aber-es-gibt-auch-gute-gruende--sie-zu-fuerchten-toedliche-begegnungen,10810590,10319348.html

http://www.einfachtierisch.de/tierisch/bilder/vorsicht-das-sind-die-gefaehrlichsten-tiere-der-welt-idb38328/

http://de.wikipedia.org/wiki/Baumsteigerfr%C3%B6sche

http://de.wikipedia.org/wiki/Krustenanemone

http://seismart.de/gift/was-sind-die-toedlichsten-gifte-der-welt-egal-ob-von-tier-oder-pflanze_208.html

http://www.n-tv.de/mediathek/bilderserien/wissen/Die-Giftkueche-der-Natur-article1781561.html

http://www.bik-f.de/root/index.php?page_id=32&PHPSESSID=0kfc9jto15ltguuk1m2ve119v15mjgua&ID=610&year=2011

http://www.siz.cc/akl_sicherheitsangelegenheiten/aktuelles/992

http://en.wikipedia.org/wiki/List_of_fatal_snake_bites_in_Australia

http://www.ndr.de/ratgeber/gesundheit/infektion_immunsystem/insektengift100.html

http://en.wikipedia.org/wiki/Shark_attack

http://tierneylab.blogs.nytimes.com/2009/07/31/dangerous-cows/?_r=0

http://www.popularmechanics.com/outdoors/survival/tips/cow-attack-survival-guide

http://historylist.wordpress.com/2008/05/29/human-deaths-in-the-us-caused-by-animals/

http://www.zehn.de/hund-118612-2

http://www.tagesspiegel.de/berlin/prozess-toedlicher-streit-um-die-modelleisenbahn/262584.html

http://floptop.net/sport/sportunfall/risikogruppe_sportler.htm

http://www.landeskirche-hannovers.de/evlka-de/presse-und-medien/frontnews/2013/02/05

http://www.lzg.gc.nrw.de/_media/pdf/service/Publikationen/gesundheitsindikatoren/sportunfaelle.pdf

http://www.budoten.org/wp-content/uploads/2010/09/arag-sportunfaelle.pdf

http://www.verbraucherforum-info.de/unfallstatistik-a.htm#Unfallstatistik%20Freizeit

http://www.bundesaerztekammer.de/page.asp?his=1.102.155.188

http://www.kfv.at/kfv/presse/presseaussendungen/archiv-details/artikel/3292/

http://www.baua.de/de/Informationen-fuer-die-Praxis/Statistiken/Unfaelle/Gesamtunfallgeschehen/Gesamtunfallgeschehen.html

http://www.focus.de/panorama/welt/freizeit-lebensretter-250-badetote-im-warmen-sommer-2013_aid_1097902.html

http://www.drk-oberhausen-rheinhausen.de/news/0707badeunfaelle-vermeidbarer-sprung-in-den-rollstuhl.html

http://www.spiegel.de/gesundheit/ernaehrung/sportunfaelle-beim-reiten-die-wichtigsten-gefahren-beim-reitsport-a-869456.html

http://www.derberater.de/sport-fitness/sportarten/weitere-sportarten/verletzungsrisiko-das-sind-die-gefahrlichsten-sportarten.htm

http://www.trailerseite.de/film/11/n/sport-ist-mord--die-10-gefaehrlichsten-sportarten-18806.html

http://versicherungswirtschaft-heute.de/maerkte/die-funf-gefahrlichsten-sportarten/

http://www.livescience.com/7770-dangerous-female-sport-cheerleading.html

http://www.klarabellas-webkneipe.de/t1419f246-Gefaehrliche-Hobbys-Wo-passieren-die-meisten-Unfaelle.html

http://www.wie-gross.com/die-gefaehrlichsten-sportarten-der-welt/

http://sport.germanblogs.de/die-10-haeufigsten-fussballverletzungen-und-ihre-symptome/

http://de.fifa.com/aboutfifa/footballdevelopment/medical/playershealth/injuries/commoninjuries/index.html

http://www.schulterinfo.de/Info/Sport/golf_schulter_golferschulter.htm

http://www.jungfrauzeitung.ch/artikel/121263/

http://www.blincmagazine.com/forum/wiki/BASE_Fatality_List

http://www.dailymail.co.uk/news/article-2284073/Daredevils-risk-lives-slacklining-busy-streets.html

http://www.dailyfinance.com/2011/10/04/the-7-deadly-hobbies-pastimes-your-insurer-hates/

http://de.wikipedia.org/wiki/Fallschirmspringen#Zahlen

http://www.abschaffung-der-jagd.de/menschenalsjaegeropfer/statistik-2012/index.html

http://www.br.de/fernsehen/bayerisches-fernsehen/sendungen/frankenschau-aktuell/jagd-unfaelle-vorschriften-100.html

http://www.djz.de/447,125/

http://www.jagderleben.de/behauptungen-widerlegt

http://www.metatag.de/webs/dfv/downloads/Unfallstatistik_in_Relation_zu_den_Sprungzahlen_und_Springern.pdf

http://www.unfallopfer-netz.de/was-sind-die-gefahrlichsten-hobbies/

http://www.optimal-absichern.de/sachversicherung/haftpflichtversicherung/haftpflicht-fuer-modellbauer-schutz-beim-gefaehrlichen-hobby.php

http://www.stern.de/panorama/unfall-in-new-york-modell-helikopter-toetet-teenager-2055781.html

http://bildungsserver.berlin-brandenburg.de/wuergespiele.html

http://www.cdc.gov/mmwr/preview/mmwrhtml/mm5706a1.htm/

http://www.adac.de/infotestrat/ratgeber-verkehr/statistiken/

http://www.nationaler-radverkehrsplan.de/transferstelle/downloads/for-a-06.pdf

http://www.focus.de/reisen/flug/airline-sicherheit/analyse/flugunfall-risiko_aid_16014.html

http://www.t-online.de/reisen/flugreisen/id_61601352/die-60-sichersten-airlines-lufthansa-und-air-berlin-nicht-in-top-10.html

http://www.fr-online.de/reise,1472792,11415348.html

http://www.express.de/reise/-ranking-die-sichersten-airlines-der-welt,2482,21412258.html

http://www.handelsblatt.com/unternehmen/handel-dienstleister/rangliste-die-unsichersten-fluggesellschaften-der-welt/7601364.html?slp=false&p=22&a=false#image

http://www.manager-magazin.de/fotostrecke/ranking-die-sichersten-flugzeugtypen-der-welt-fotostrecke-92961.html

http://www.jacdec.de/statistics/regions/regions_europe.htm

https://www.destatis.de/DE/Publikationen/WirtschaftStatistik/Verkehr/Unfallstatistik122010.pdf?__blob=publicationFile

http://www.unfallzeitung.de/zeitung/in-der-eisenbahn-sind-reisende-am-sichersten-aber-

http://www.focus.de/panorama/welt/schifffahrt-versicherer-warnt-vor-neuen-risiken_aid_727710.html

http://www.spiegel.de/wissenschaft/mensch/bei-schiffsungluecken-ueberleben-mehr-maenner-als-frauen-und-kinder-a-847106.html

http://www.pnas.org/content/early/2012/07/23/1207156109.abstract

http://www.udv.de/de/fahrzeug/motorrad

http://www.stern.de/auto/service/motorrad-unfaelle-selbstmordkommando-mit-200-ps-620590.html

http://www.welt.de/motor/article117197269/Deutlich-erhoehtes-Unfallrisiko-fuer-Biker.html

http://www.dvr.de/presse/informationen/3216.htm

http://www.flugzeug-absturz.de/allgemein/wahrscheinlichkeit-eines-flugzeugabsturzes.html

http://books.google.de/books?id=aX6sQn_o9RAC&pg=PT50&lpg=PT50&dq=Sicherheitsskala+heilmann&source=bl&ots=IixLsP4kBH&sig=w9G5_pyH3KOjJNiX276n04g9Oz8&hl=de&sa=X&ei=xkhqUrTDNsTI0QXjiYCgBw&ved=0CEEQ6AEwAg#v=onepage&q=Sicherheitsskala%20heilmann&f=false

http://www.berlin-institut.org/online-handbuchdemografie/bevoelkerungsdynamik/faktoren/familienplanung.html

http://de.globometer.com/geburten.php

http://www.berlin-institut.org/online-handbuchdemografie/bevoelkerungsdynamik/faktoren/fertilitaet.html

http://www.berlin-institut.org/online-handbuchdemografie/bevoelkerungsdynamik/faktoren/kontrazeption-in-europa.html

http://www.lasvegasfertility.net/satests.html#hamster

http://www.9monate.de/community/thread/Archiv-Erfahrungen-bei-der-Reproduktionsmedizin/Gibts-in-Deutschland-auch-den-Hamster-Egg-Test-?threadId=13120615

http://theweek.com/article/index/232372/semen-natures-antidepressant

http://www.albany.edu/news/releases/2002/june2002/gallupstudy0602.html

http://www.news.de/reisen-und-leben/855079593/alles-ueber-sperma/1/

http://www.mopo.de/sexualitaet/-studie-spermien-qualitaet-wird-immer-schlechter,9594628,21535724.html#

http://www.9monate.de/kinderwunsch-familienplanung/kinderwunsch/kinderwunsch-tipps-zahlen-und-statistiken-id94329.html

http://www.netmoms.de/magazin/kinderwunsch/schwanger-werden/zeugungsfaehigkeit-und-spermienqualitaet/

http://www.alles-ueber-kinder.net/kinderwunsch.htm

http://www.untreue.at/statistik-das-eigene-sexleben.htm

http://www.spiegel.de/wissenschaft/medizin/fruchtbarkeit-spermien-zahl-sinkt-laut-franzoesischer-studie-a-871091.html

http://www.zukunft-mit-kindern.eu/publikationen/studie/dateien/Broschuere_Zukunft_mit_Kindern.pdf

http://www.rabeneltern.org/index.php/wissenswertes/fehlgeburt-wissenswertes/1359-wie-hoch-ist-das-risiko-fuer-eine-fehlgeburt

http://www.bmj.com/content/320/7251/1708?view=full&pmid=10864550

http://www.bmj.com/search/fetal%2520loss

http://www.schwangerundkind.de/schwangerschaft-erster-monat-1.html

http://www.zeit.de/2003/03/M-Totgeburten

http://www.sueddeutsche.de/wissen/weltweite-studie-totgeburten-jeden-tag-1.1085368

http://home.arcor.de/jessiw/

http://www.zeit.de/online/2006/32/ultraschall-foetus-risiko

http://www.urbia.de/magazin/schwangerschaft/geburt/nur-neun-prozent-der-babys-kommen-puenktlich

http://www.rund-ums-baby.de/kinderwunsch/natur-nicht-eilig.htm

http://www.chirurgie-portal.de/gynaekologie/fehlgeburt.html

http://www.spiegel.de/spiegel/print/d-86505890.html

https://www.destatis.de/DE/Publikationen/Thematisch/Bevoelkerung/Bevoelkerungsbewegung/BroschuereGeburtenDeutschland0120007129004.pdf?__blob=publicationFile

https://www.destatis.de/DE/Publikationen/Thematisch/Bevoelkerung/Bevoelkerungsbewegung/PeriodensterbetafelnBundeslaender5126204117004.pdf?__blob=publicationFile

https://www.destatis.de/DE/ZahlenFakten/GesellschaftStaat/Bevoelkerung/Geburten/Tabellen/GeboreneGestorbene.html

https://www.destatis.de/DE/ZahlenFakten/GesellschaftStaat/Gesundheit/Schwangerschaftsabbrueche/Schwangerschaftsabbrueche.html

https://www.destatis.de/DE/ZahlenFakten/GesellschaftStaat/Gesundheit/Todesursachen/Tabellen/GestorbeneSaeuglinge.html

https://www.destatis.de/DE/ZahlenFakten/GesellschaftStaat/Gesundheit/Behinderte/Aktuell.html

https://www.destatis.de/DE/ZahlenFakten/GesellschaftStaat/Gesundheit/GesundheitszustandRelevantesVerhalten/Tabellen/KrankeUnfallverletzte.html

https://www.destatis.de/DE/ZahlenFakten/GesellschaftStaat/Soziales/Sozialleistungen/KinderJugendhilfe/Tabellen/Adoptionen.html

http://www.gib-aids-keine-chance.de/wissen/sti/syphilis.php

http://www.pm-magazin.de/t/geschichte-v%C3%B6lkerkunde/ungl%C3%BCcke/w%C3%BCrfeln-mit-dem-tod

http://www.spiegel.de/wissenschaft/natur/klima-risiko-index-2014-germanwatch-stellt-extremwetter-ranking-vor-a-933084.html

https://www.destatis.de/DE/ZahlenFakten/GesellschaftStaat/Gesundheit/Todesursachen/Tabellen/GestorbeneSaeuglinge.html

https://www.destatis.de/DE/Publikationen/Thematisch/Gesundheit/Todesursachen/Todesursachen2120400127004.pdf?__blob=publicationFile

http://pss.sagepub.com/content/24/12/2437.short

http://www.tu-chemnitz.de/hsw/psychologie/professuren/allpsy2/Artikel/Rudolph,%20Boehm,%20Lummer%202006.pdf

http://www.zeit.de/2014/01/namen-sympathie

http://www.psychologie.hu-berlin.de/prof/per/forschung/aktuelle-forschungsprojekte/index_html

http://archive-com.com/page/3358836/2013-12-17/http://www.onomastik.com/magazin/ergebnisse-des-vornamen-experiments-07-13.php?destination=node%2F9066

http://www.faz.net/aktuell/gesellschaft/nomen-est-omen-kevin-bekommt-schlechtere-noten-1853398.html

http://www.tns-emnid.com/politik_und_sozialforschung/pdf/Jugendsexualitaet.pdf

http://www.ku.de/fileadmin/190803/bilder/WPMarion_24072013.pdf

http://www.gdv.de/wp-content/uploads/2012/08/Studie-Kinderunfaelle-Schmidt_GfK.pdf

http://www.gdv.de/wp-content/uploads/2012/08/Kinderunfaelle-und-Risikobewusstsein-Praesentation-Engel.pdf

http://www.focus.de/gesundheit/baby/kleinkind/ploetzlicher-kindstod-der-albtraum-aller-eltern_aid_644816.html

http://www.gdv.de/wp-content/uploads/2012/11/GDV_Kinder_Unfaelle-vermeiden_151112.pdf

http://www.gbe-bund.de/stichworte/Todesursachenstatistik.html

http://www.gdv.de/wp-content/uploads/2013/09/GDV-Statistisches-Taschenbuch-2013.pdf

http://data.worldbank.org/indicator/SP.DYN.IMRT.IN/countries/1W?display=default

http://www.childinfo.org/mortality_imrcountrydata.php

https://www.destatis.de/DE/ZahlenFakten/GesellschaftStaat/Bevoelkerung/Ehescheidungen/Tabellen/EhescheidungenKinder.html

https://www.destatis.de/DE/Publikationen/Thematisch/Bevoelkerung/Bevoelkerungsbewegung/BroschuereGeburtenDeutschland0120007129004.pdf?__blob=publicationFile

http://www.unicef.at/infos-medien/aktuelle-studien/zahlen-zur-weltweiten-kindersterblichkeit-2013/

http://www.kiggs-studie.de/fileadmin/KiGGS-Dokumente/kiggs1_tn_broschuere_web.pdf

https://www.destatis.de/DE/ZahlenFakten/GesellschaftStaat/Bevoelkerung/HaushalteFamilien/AktuellFamilien.html;jsessionid=DF904E5662BAAAA42CFFAF4EE8A07B0B.cae2

https://www.destatis.de/DE/ZahlenFakten/GesellschaftStaat/Bevoelkerung/HaushalteFamilien/AktuellFamilien.html

http://www.dgppn.de/publikationen/stellungnahmen/detailansicht/article/141/praevention.html

http://www.skm-koeln.de/download/fachtag/Vortrag_Prof._Klein_Kinder_in_psychisch_belasteten_Familien.pdf

http://www.axa.de/servlet/PB/menu/1234622/index.html

http://www.rki.de/DE/Content/Gesundheitsmonitoring/Gesundheitsberichterstattung/GBEDownloadsT/gewalt.pdf?__blob=publicationFile

http://www.rki.de/DE/Content/Gesundheitsmonitoring/Studien/Kiggs/Kiggs_w1/kiggs_welle1_broschuere.pdf?__blob=publicationFile

http://www.unserehaut.de/de/solarium/

http://www.krebshilfe.de/wir-informieren/ueber-krebs/haeufige-krebsarten/hautkrebs.html

http://www.rauchmelder-lebensretter.de/home/warum-rauchmelder/fuer-eltern/

http://www.welt.de/gesundheit/article119988213/Exzessiver-Sport-kann-Kindern-boese-Schaeden-zufuegen.html

http://psycnet.apa.org/index.cfm?fa=buy.optionToBuy&id=2013-13053-002

http://newsroom.melbourne.edu/news/n-666

http://comp.uark.edu/~ches/CountryMusic_Suicide.pdf

http://www.schulsport-nrw.de/fileadmin/user_upload/sicherheits_und_gesundheitsfoerderung/pdf/SI_8074.pdf

https://www.destatis.de/DE/PresseService/Presse/Pressemitteilungen/2012/01/PD12_007_232.html

http://www.kindersicherheit.de/html/kisi13_ersticken-kleinteile.html

http://www.tag-des-brandverletzten-kindes.de/

http://www.dkfz.de/de/rauchertelefon/download/Schutz_der_Kinder_vor_Passivrauchen_Weltkrebstag_2008.pdf

https://www.dkfz.de/de/rauchertelefon/download/Passivrauchende_Kinder_4_Auflage.pdf

http://www.who.int/mediacentre/factsheets/fs339/en/

http://www.dkfz.de/de/tabakkontrolle/download/Publikationen/RoteReihe/Rauchende_Kinder_und_Jugendliche_Band_8.pdf

https://www.destatis.de/DE/Publikationen/Thematisch/Gesundheit/Gesundheitszustand/UnfaelleGewaltKinder5230001107004.pdf?__blob=publicationFile

http://www.das-sichere-haus.de/uploads/tx_ttproducts/datasheet/Achtung_Giftig_2013.pdf

http://www.das-sichere-haus.de/uploads/tx_ttproducts/datasheet/BAuA-DSH-Sonderdruck_2013.pdf

www.kindergesundheit.de

http://www.t-online.de/eltern/baby/id_19808328/ploetzlicher-kindstod-sids-risikofaktoren-anzeichen-und-ursachen.html

http://www.test.de/Holzspielzeug-Die-Haelfte-birgt-Gefahren-4633745-0/

http://www.dguv.de/de/Zahlen-und-Fakten/Sch%C3%BCler-Unfallversicherung/index.jsp

http://www.bka.de/DE/Publikationen/PolizeilicheKriminalstatistik/pks__node.html

https://www.bka.de/nn_196810/sid_746748AF046056874CCD50B3D27D9FF0/DE/ThemenABisZ/Vermisstensachbearbeitung/vermisstensachbearbeitung.html?__nnn=true

http://www.gbe-bund.de/oowa921-install/servlet/oowa/aw92/WS0100/_XWD_PROC?_XWD_2/1/xs_sort_spalte/D.048-/d/35806-/_XWD_28

http://www.dguv.de/medien/inhalt/zahlen/documents/schueler/statistik_info_2012.pdf

http://www.lwl.org/psychiatrie-marsberg-download/PDF/Praesentation_Statistik_fertig.pdf

http://www.leuphana.de/news/publikationen/leuphana-magazin/titelstories/mobbingstudie.html

https://www.destatis.de/DE/PresseService/Presse/Pressemitteilungen/2013/12/PD13_426_231.html

http://www.dvr.de/betriebe_bg/daten/titel.htm

http://drogenbeauftragte.de/fileadmin/dateien-dba/Presse/Downloads/Info-Blatt_Drogenaffinitaet_02-12.pdf

http://www.statistik.sachsen-anhalt.de/apps/StrukturKompass/indikator/zeitreihe/111

http://drogenbeauftragte.de/fileadmin/dateien-dba/Service/Publikationen/BMG_Drogen-_und_Suchtbericht_2013_WEB_Gesamt.pdf

http://www.tns-emnid.com/politik_und_sozialforschung/pdf/Jugendsexualitaet.pdf

http://www.studentenwerke.de/se/2013/20-SE-Bericht.pdf

http://unstats.un.org/unsd/demographic/products/dyb/dyb2009-2010/Table10.pdf

https://www.destatis.de/DE/PresseService/Presse/Pressemitteilungen/2013/09/PD13_316_233.html

http://pediatrics.aappublications.org/content/early/2013/01/02/peds.2012-0708.full.pdf

http://apy.sagepub.com/content/16/4/284.abstract

http://www.smh.com.au/news/national/pick-your-angst--rap-metal-or-trance/2008/08/04/1217701950029.html

http://www.eurekalert.org/pub_releases/2012-04/ace-tpa040812.php

http://eprints.port.ac.uk/10443/1/Stafford_et_al_%282012%29.pdf

http://eprints.port.ac.uk/10443/

http://pom.sagepub.com/content/early/2013/05/01/0305735613482025.abstract

http://sciencenetlinks.com/science-news/science-updates/27-club-myth/

http://www.bmj.com/content/343/bmj.d7799

http://www.google.com/url?sa=t&rct=j&q=&esrc=s&source=web&cd=2&ved=0CDIQFjAB&url=http%3A%2F%2Fwww.christie-group.co.uk%2Fleague-of-professions-release.doc&ei=pIDWUsLeGqeo4ASZh4GwDA&usg=AFQjCNHTMSA2W_rcsamyMEdbrxXRMAxjFg&bvm=bv.59378465,d.bGE

http://www.bls.gov/news.release/pdf/cfoi.pdf

https://www.destatis.de/DE/PresseService/Presse/Pressemitteilungen/2013/11/PD13_387_13321.html

http://www.rp-online.de/panorama/deutschland/deutsche-sind-keine-lotto-fans-aid-1.2072580

http://www.gdv.de/2006/11/auch-fuer-polizisten-mit-schweissfuessen/

http://www.gdv.de/2013/05/jobs-auf-abruf/

http://www.gdv.de/wp-content/uploads/2013/09/GDV-Statistisches-Taschenbuch-2013.pdf

http://archive.is/20120714164305/http://stanford-online.stanford.edu/sdrmda61w/session10b/slides/sld031.htm

https://www.destatis.de/DE/Publikationen/Datenreport/Downloads/Datenreport2013.pdf?__blob=publicationFile

http://news.bbc.co.uk/2/hi/uk_news/4052861.stm

http://www.aok-bv.de/presse/medienservice/thema/index_08746.html

http://www.hwwi.org/uploads/tx_wilpubdb/HWWI-Policy_Paper_83.pdf

http://www.romanherzoginstitut.de/uploads/tx_mspublication/RHI-Diskussion_21_2te.pdf

https://www.destatis.de/DE/Publikationen/StatistischesJahrbuch/StatistischesJahrbuch2013.pdf?__blob=publicationFile

http://www.baua.de/de/Publikationen/Broschueren/A88.pdf;jsessionid=FAAF87E293F8753E13D22B77ADDF5374.1_cid389?__blob=publicationFile&v=13

http://www.tk.de/centaurus/servlet/contentblob/590188/Datei/115476/TK_Studienband_zur_Stressumfrage.pdf

http://www.dguv.de/medien/inhalt/zahlen/documents/au_statistik_2011.pdf

https://www.destatis.de/DE/PresseService/Presse/Pressemitteilungen/zdw/2013/PD13_048_p002.html

http://www.welt.de/gesundheit/psychologie/article8016395/So-gefaehrlich-ist-unser-Alltagsleben.html

http://www.gbe-bund.de/oowa921-install/servlet/oowa/aw92/dboowasys921.xwdevkit/xwd_init?gbe.isgbetol/xs_start_neu/&p_aid=3&p_aid=49484142&nummer=630&p_sprache=D&p_indsp=-&p_aid=37529823

http://www.ncbi.nlm.nih.gov/pubmed/20538394?dopt=AbstractPlus

http://www.theatlantic.com/business/archive/2013/12/the-risky-business-of-paternity-leave/282688/

http://www.map-report.com/gef%C3%A4hrli.htm

http://www.neu-reich.de/news/berufsunfaehigkeitsversicherung-studie-des-map-report.html

https://www.destatis.de/DE/PresseService/Presse/Pressemitteilungen/2013/11/PD13_400_p001.html;jsessionid=0448D06AF914C8325F08BAD711F87136.cae1

http://www.bkk-dachverband.de/bkk-news/357-pm-gesundheitsreport2013

http://www.bkk-dv.de/images/bkk/gesundheitsreport/2013/materialien/BKK-Gesundheitsreport_2013.pdf

http://www.pressebox.de/inaktiv/kelly-services-gmbh/Mehr-als-ein-Drittel-der-Deutschen-haetten-lieber-einen-anderen-Beruf-gewaehlt/boxid/175864

http://www.gallup.com/strategicconsulting/160901/pressemitteilung-zum-gallup-engagement-index-2012.aspx

http://www.iab.de/de/informationsservice/presse/presseinformationen/qualo12.aspx

http://aje.oxfordjournals.org/content/169/5/596.full

https://www.destatis.de/DE/ZahlenFakten/GesellschaftStaat/Bevoelkerung/Ehescheidungen/Aktuell.html

https://www.destatis.de/DE/PresseService/Presse/Pressemitteilungen/zdw/2013/PD13_043_p002.html;jsessionid=933FB16A118EE9F34C153F2DAB2FFC23.cae4

http://www.statistik.baden-wuerttemberg.de/veroeffentl/Monatshefte/essay.asp?xYear=2011&xMonth=01&eNr=04

http://www.bpb.de/nachschlagen/zahlen-und-fakten/soziale-situation-in-deutschland/61578/geschiedene-ehen

http://www.neon.de/artikel/sehen/gesellschaft/der-durchschnittsdeutsche/684239

http://www.handelsblatt.com/technologie/das-technologie-update/tagesfrage/tv-konsum-wie-lange-schauen-die-deutschen-fern/9236226.html

http://www.gdv.de/wp-content/uploads/2012/11/GDV_Versicherungen-fuer-Bauherren_121112.pdf

http://www.bka.de/DE/Publikationen/PolizeilicheKriminalstatistik/pks__node.html

https://www.eon.de/de/eonde/pk/ueberEon/Presse_und_News/Pressemitteilungen_Applikation/index.htm?id=6941

http://www.hno-aerzte-im-netz.de/news/hno-news/schnarchen_nervt_in_jeder_neunten_partnerschaft.html

http://yougov.de/news/2013/09/16/umfrage-die-rollenverteilung-deutschlands-haushalt/

http://www.n-tv.de/panorama/Frauen-schmeissen-den-Haushalt-article11370356.html

http://www.handelsblatt.com/politik/deutschland/zukunftsatlas-2013/zukunftsatlas-2013-hier-leben-herr-und-frau-mustermann/9102932.html

http://www.dpdhl.com/de/presse/specials/gluecksatlas_deutschland_2013/gluecksatlas_2013_zusammenfassung_der_ergebnisse.html

www.gluecksatlas.de

http://onlinelibrary.wiley.com/doi/10.1111/j.1741-3729.2012.00715.x/pdf

http://www.elitepartner.de/magazin/beziehungsfrust-das-sind-die-streitthemen-im-alltag.html

http://www.pairfam.de/uploads/tx_sibibtex/arbeitspapier_18p.pdf

http://www.dak.de/dak/bundesweite_themen/Herzinfarkt_am_Heiligabend-1337422.html

http://www.presseschleuder.com/tag/fettbrand/

http://media.swissre.com/documents/Swiss_Re_Mind_the_risk.pdf

http://www.presseportal.de/pm/17575/2576970/deutsche-nehmen-fuer-fernbeziehung-hohe-kosten-in-kauf

http://understandinguncertainty.org/micromorts

http://www.presseportal.de/pm/65292/2535904/wie-treu-sind-die-deutschen-bundeslaender-repraesentative-firstaffair-de-umfrage-belegt-saarlaender

http://www.umweltbundesamt.de/themen/verkehr-laerm/laermwirkung/stressreaktionen-herz-kreislauf-erkrankungen

http://www.umweltbundesamt.de/presse/presseinformationen/aktiver-laermschutz-spart-geld-aerger

http://www.bmj.com/content/347/bmj.f5561

http://www.spiegel.de/gesundheit/diagnose/fluglaerm-wahrscheinlich-hoeheres-risiko-fuer-herz-und-kreislauf-a-926797.html

https://www.destatis.de/DE/Publikationen/Datenreport/Downloads/Datenreport2013Kap1.pdf;jsessionid=872C43D6DC4F5756A93BAFC192A3D313.cae4?__blob=publicationFile

http://epp.eurostat.ec.europa.eu/cache/ITY_PUBLIC/1-11102012-AP/DE/1-11102012-AP-DE.PDF

http://www.kfn.de/versions/kfn/assets/fb10.pdf

http://www.welt.de/vermischtes/weltgeschehen/article12402548/In-Bayern-bringen-sich-die-meisten-Menschen-um.html

http://www.gbe-bund.de/stichworte/Todesursachenstatistik.html

http://www.handelsblatt.com/politik/deutschland/zukunftsatlas-2013/studie-wie-deutschland-auseinanderreisst/9046876.html

http://www.gdv.de/2013/06/blitz-und-ueberspannung-sorgen-fuer-viele-schaeden/

http://www.industry.siemens.com/services/global/de/blids/service/statistik/Seiten/Default.aspx

http://www.gdv.de/2012/11/alle-jahre-wieder-im-dezember-schnellen-die-brandzahlen-nach-oben/

http://www.gdv.de/2013/11/brandschaeden-nehmen-zum-jahresende-zu/

http://www.das-sichere-haus.de/uploads/tx_ttproducts/datasheet/Faltblatt_Leitern.pdf

http://www.google.com/url?sa=t&rct=j&q=&esrc=s&source=web&cd=4&ved=0CEcQFjAD&url=http%3A%2F%2Fwww.uni-regensburg.de%2Fsprache-literatur-kultur%2Fromanistik%2Fmedien%2Fkvv_ws_0910.doc&ei=-VbFUpqgM8nFswbXhYBY&usg=AFQjCNFOL3EFzrn57ZA_U0DeVeZUCoYk4g&bvm=bv.58187178,d.Yms

https://www.destatis.de/DE/ZahlenFakten/GesellschaftStaat/EinkommenKonsumLebensbedingungen/EinkommenEinnahmenAusgaben/EinkommenEinnahmenAusgaben.html

http://www.gdv.de/2013/10/die-teuersten-naturkatastrophen-im-ueberblick/

http://www.gbe-bund.de/gbe10/owards.prc_show_pdf?p_id=15639&p_sprache=d&p_uid=gastd&p_aid=46502538&p_lfd_nr=4

https://www.allianz.at/v_1354627652000/privatkunden/media_newsroom/news/aktuelle_news/pa_download/20110517charts.pdf

www.rauchmelder-lebensretter.de

http://www.usfa.fema.gov/downloads/pdf/statistics/v12i8.pdf

http://www.nicht-bei-mir.de/fileadmin/nbm/inhaltsbilder-verbraucher/presse/pressemitteilungen/2009_aktuelle_Pressemitteilungen/PM_Zahlen_Fakten_Feb2013.pdf

http://www.polizei-nrw.de/media/Dokumente/koelner-studie-2011.pdf

http://www.sueddeutsche.de/panorama/frauenmorde-sind-haeufig-beziehungstaten-toedliche-zweisamkeit-1.1365223

http://www.bmfsfj.de/RedaktionBMFSFJ/Broschuerenstelle/Pdf-Anlagen/gewalt-paarbeziehung-langfassung,property=pdf,bereich=bmfsfj,sprache=de,rwb=true.pdf

http://www.verbrennungsmedizin.de/pdf/Verbrennungsstatistik-2012.pdf

http://www.bka.de/nn_205960/sid_88F3185E49A97C35FFC396E54FC46949/DE/Publikationen/PolizeilicheKriminalstatistik/pks__node.html?__nnn=true

http://www.bundesbank.de/Redaktion/DE/Downloads/Veroeffentlichungen/Bericht_Studie/bankenaufsicht_bankstellenstatistik_2011.pdf?__blob=publicationFile

http://www.dguv.de/medien/inhalt/zahlen/documents/au_statistik_2011.pdf

http://www.bundesbank.de/Redaktion/DE/Pressemitteilungen/BBK/2013/2013_03_21_phf.html

http://www.bundesbank.de/Redaktion/DE/Pressemitteilungen/BBK/2014/2014_01_24_geldvermoegensbildung.html

http://www.bka.de/DE/Publikationen/PolizeilicheKriminalstatistik/pks__node.html

http://www.gdv.de/wp-content/uploads/2013/09/GDV-Statistisches-Taschenbuch-2013.pdf

http://my.knightfrank.com/research-reports/the-wealth-report.aspx

http://www.capgemini.com/thought-leadership/world-wealth-report-2013-from-capgemini-and-rbc-wealth-management

http://www.capgemini.com/sites/default/files/resource/pdf/wwr_2013_0.pdf

http://www.faz.net/aktuell/wirtschaft/wirtschaftswissen/arme-oberschicht-so-lebt-das-reichste-prozent-der-deutschen-1637673-p2.html

http://www.controlrisks.com/Oversized%20assets/RiskMap2014/RiskMap2014-press-release.pdf

http://www.css.ethz.ch/publications/pdfs/CSS-Analysen-141-DE.pdf

http://www.bundesbank.de/Redaktion/DE/Pressemitteilungen/BBK/2014/2014_01_24_geldvermoegen_anlage.pdf?__blob=publicationFile

http://www.bundesbank.de/Redaktion/DE/Pressemitteilungen/BBK/2014/2014_01_24_geldvermoegensbildung.html

https://www.allianz.com/v_1380204254000/media/economic_research/research_data/german_documents/vermoegen_privater_haushalte/VermphW.pdf

http://www.gdv.de/2013/05/wohnungseinbrueche-steigen-weiter-und-kosten-versicherer-knapp-eine-halbe-milliarde-euro/

http://www.journalsleep.org/viewabstract.aspx?pid=27894

http://www.presseportal.de/story.htx?mobil&nr=2599724&firmaid=15196

http://rady.ucsd.edu/faculty/directory/engelberg/pub/portfolios/HEALTH.pdf

http://www.reuters.com/article/2014/01/08/norway-millionaires-idUSL6N0K229720140108

http://www.mmcinstitute.com/about-2/sudden-wealth-syndrome/

http://www.tk.de/centaurus/servlet/contentblob/590188/Datei/115476/TK_Studienband_zur_Stressumfrage.pdf

https://www.dab-bank.de/Footer/Presse/Produktmitteilungen/Pressemitteilung-vom-20.01.2014.xhtml

http://www.forbes.com/billionaires/list/

http://www.dasinvestment.com/fileadmin/images/Annika/Dezember/1712_Credit_Suisse_Global_Wealth_Report_2013.pdf

https://www.postbank.de/postbank/postbank_pd_0212_geld_und_freundschaft.html

http://www.presseportal.de/pm/7202/2572329/nur-14-prozent-der-frauen-zwischen-25-und-40-wuerden-freunden-jederzeit-geld-leihen-weshalb-wir

https://www.postbank.de/postbank/postbank_pd_spezial_sparen_viele_deutsche_verschenken_zinsen.html

https://www.kartensicherheit.de/files/pdf1/BKA_Cybercrime_Bundeslagebild_2012.pdf

http://epp.eurostat.ec.europa.eu/cache/ITY_PUBLIC/3-05122013-AP/EN/3-05122013-AP-EN.PDF

https://www.destatis.de/DE/Publikationen/Datenreport/Downloads/Datenreport2013.pdf;jsessionid=AD0208AED6218A58A383837398B380D2.cae2?__blob=publicationFile

http://www.boniversum.de/fileadmin/media/document/SchuldnerAtlas/SchuldnerAtlas_2013.pdf?body=http://www.boniversum.de/fileadmin/media/document/SchuldnerAtlas/SchuldnerAtlas_2013.pdf

http://www.creditreform.de/aktuelles/news-list/details/news/detail/News/schuldneratlas-deutschland-2013.html

http://www.gothaer.de/ueber-uns/presse/pressecenter/pressemitteilungen.htm (Mitteilung vom 10. Januar 2014)

http://www.bka.de/nn_241002/SharedDocs/Downloads/DE/Presse/Pressearchiv/Presse__2012/pm120918__BundeslagebildZahlungskartenkriminalitaet2011.html

https://bankenverband.de/downloads/statistik-service/geldautomaten-anzahl

https://www.bka.de/nn_196810/sid_48059BCC70D2CD55B307690663D92329/SharedDocs/Downloads/DE/Publikationen/JahresberichteUndLagebilder/Falschgeldkriminalitaet/falschgeldkriminalitaetBundeslagebild2012.html?__nnn=true

http://www.bundesbank.de/Redaktion/DE/Downloads/Veroeffentlichungen/Bericht_Studie/wie_kommt_das_bargeld_ins_portmonee.pdf?__blob=publicationFile

https://www.kartensicherheit.de/files/pdf1/zahlungskartenkriminalitaetBundeslagebild2012.pdf?body=https://www.kartensicherheit.de/files/pdf1/zahlungskartenkriminalitaetBundeslagebild2012.pdf

http://www.sueddeutsche.de/panorama/internationaler-cyber-bankraub-betrueger-erbeuten-in-deutschland-knapp-zwei-millionen-euro-1.1669968

http://www.bitkom.org/de/markt_statistik/64034_77131.aspx

http://bankenverband.de/downloads/082013/130708-charts-onlinebanking.pdf

http://www.bka.de/nn_241002/SharedDocs/Downloads/DE/Presse/Pressearchiv/Presse__2012/pm120917__BundeslagebildCybercrime2011.html

http://books.google.de/books?id=dsLozNXUVjYC&pg=PR22&lpg=PR22&dq=Benjamin+Franklin+leroy+in+this+world+nothing+can+be+said+to+be+certain,+except+death+and+taxes&source=bl&ots=5eE31Bxwoj&sig=__n6fzOLhmxAw1pF4GrRVP-hXhk&hl=en&sa=X&ei=DvD0UtfENaaR7Ab3ooHIAQ&redir_esc=y#v=onepage&q&f=false

http://www.gbe-bund.de/stichworte/Todesursachenstatistik.html

http://www.mpifg.de/people/da/downloads/Akyel_2010_Harter_Wettbewerb_um_todsichere_Geschaefte.pdf

http://www.mediadesk.uzh.ch/articles/2012/tod-am-geburtstag.html

Auch als **E-Book** erhältlich

208 Seiten
Preis: 8,99 € [D] | 9,30 € [A]
ISBN 978-3-86883-411-6

Petra Cnyrim

VERVOLLSTÄNDIGE DIE FUNKTION

Über 222 genial schlagfertige Antworten auf nervige Prüfungsfragen

Nicht jede falsche Antwort ist gleichzeitig dumm. Im Gegenteil – sie kann schlagfertig, clever und witzig sein. Und so wird manchmal eine Frage in der Klassenarbeit der Intelligenz der Schüler einfach nicht gerecht.
Dieses Buch vereint die lustigsten Antworten auf Prüfungsfragen von Schülern aller Jahrgangsstufen. Zum Durchblättern, Staunen und Mitlachen!

riva